從0到1創造成功的6堂思維課

第一步是關鍵！

43道提示X5步驟構想筆記，
每日小改變，讓夢想成就自己。

まずは小さくはじめてみる

作者——大木浩士　譯者——陳冠貴

前言

「希望能以自己的方式，從頭開始實踐某件事。」

本書正是為了抱持著這種想法的你所寫的「行動指南」。

已經放在心上很久的夢想，或是其他想做的事。

要不要試著讓它具象化呢？

經過漫長忍耐的疫情期間，現在不正是起身行動的時刻嗎？

如果不想再當個只會機械式完成指令的機器人，要不要轉換跑道，嘗試看看其他的工作或從事其他職業呢？

依據自己的意志開始某個行動，而非聽從誰的意見。

或許可以活用過去累積的經驗，主動幫助某個對自己而言非常重要的人解決課題。

開始這些行動的同時，也是豎立起屬於你的「旗幟」的時候。

這正是**對外展示你的想法或個性的旗幟**。

這面旗幟創造了讓世人知道你是不可替代的存在的機會，同時也創造了一個契機，讓你和周圍的人們都能一點一滴地逐漸做出改變。

如果你有「想開始做某件事」的想法，那麼你現在就正站在重要的岔路上。

你要繼續過著萬年不變的日常生活嗎？還是要踏出步伐，改變現狀呢？

你正站在這條岔路上。

你之所以會拿起這本書，或許就是因為心中某個角落正思索著「希望改變現狀」。

不用擔心，你肯定能有所行動。

只是為了達成這個目標，你需要先知道一個行動的訣竅。

那就是本書的主旨——**「試著先從小事做起」**。

「希望實現自己的夢想」、「希望嘗試某件新的事物」。

許多有著這種想法的人，都會盤算著從一開始就踏出「一大步」。

他們期盼馬上達到希望實現的理想樣態。

然後因為對這巨大的一步感到膽怯，開始猶豫不決，甚至乾脆放棄行動。

如果你也對此心有戚戚焉，請試著稍微改變想法。

最初應該踏出的是「一小步」才對。

請試著從簡單就能辦到的小事開始。

首先從小步出發，累積行動的實際經驗，並將這些經驗當作立足點，創造出下次行動。

堅持不懈地小步前進，在不斷增加經驗與累積人脈的過程中，逐步達成夢想中的成就。這就是改變現狀的訣竅。

要開始某件新的事物時，有許多應該努力的地方。

例如，思考自己能辦到的事、在紙上統整出想法、尋找同伴等等。從上述的每一件小事開始，一點一滴地採取行動，逐步開花結果。

我就是透過這個方式，在十年內輔助超過兩百件個人專案邁向成功。

初次見面，很高興認識你。我是大木浩士。

曾經的我，長年以來過著平凡的上班族生活；因為某個事件的契機，讓我決定豎起自己的旗幟，以不同面貌生活下去。

這起事件正是發生於二〇一一年的東日本大地震。

同年六月，我拜訪了日本東北的沿海地區。

在我眼前的是一片壯烈的景象。過去許多家庭生活的地方，徒留滿地大量散亂的瓦礫與鋼筋。

在此之前，我總是以為日常生活會一如既往地持續下去。

這時候我才發現，原來一切只是我的一廂情願而已。

「和今天相同的明天，或許不會到來。」

目擊沿海地區面目全非的景色之後，我產生了這個造成巨大心理衝擊的心得。然後，我也有了這個想法：

「說不定明天就會輪到我。」

無論是自然災害，還是生病或者發生交通事故等等，每個人會在何時發生什麼事都不奇怪。

即使想著未來總有一天要做些什麼，但那一天可能永遠不會到來。

時間就和生命一樣。

趁著現在還活著，為了不在未來留下遺憾，我要實現所有想做的事——我默默地下定決心。

然後我將自己想努力的事情專案化，並逐一打造成形。

「連結都市與鄉下人們的活動」、「幫助人們把想法化為具體」、「舉辦給次世代的教育講座」。

這三個項目是我所執行的主要活動，也就是我所舉起的旗幟。

對於過去只當過上班族的我來說，試圖按照自己的想法發起行動，過程可以說是一連串的反覆試錯。

我遭遇過許多失敗，但也從中獲得不少成功的體驗。

在這本書中，我會將自己在這些過程中所學會的「開始行動時的訣竅與知識」，盡可能整理得淺顯易懂，並為各位讀者逐一介紹。

● 發起活動的優點

豎立自己的旗幟並開始行動，就會發生很多好事。

首先，人脈會有爆發性成長。

而且這些人們不會以公司的頭銜看待你，而是把你視為單一個人。就像「物以類聚」這句成語的意思一樣，會與許多想法相近的人結緣。我認為這是比什麼都還要珍貴的財產。

再來，自己希望加強的能力也會獲得成長。

努力在自己想做的事物上，為了具體成形而去磨練技能，經驗值就會不斷地累積提升。

舉例來說，在眾人面前發表言論的勇氣、企劃構想的組織能力，以及營造空間、促進討論的技術等等。我在個人發起的活動中，學會了上述這些技能。

然後活用這些學到的能力，我能做到的事情越來越多，活動的規模與範圍也越來越大。

活動範圍擴大後，也會漸漸地更受人矚目。接著，有人委託我工作，也有媒體邀請我接受採訪。

工作帶來了新的收入，媒體介紹讓我身邊的家人和親人都很開心。工作和媒體的介紹，也讓我建立起自己的品牌。我漸漸地成為讓人覺得「如果遇到這種情況，我會想向他諮詢」的存在。

於是我越來越有自信。

有些事只有你能做到

每個人都走在不同的人生道路上。

你也一樣，你擁有只有你才有的經驗。你所具備的感性與才能，也是獨一無二的。

要不要試著活用它們，從一小步開始，打造出只有你才能創造的東西呢？要不要試著透過你的存在，來讓某人露出笑容呢？

我們可以從一些簡單就能辦到的事情開始。

首先從小事開始嘗試，接著逐步地改變世界。

從對待自己的方式，還有待人處事的方式開始改變，一點一滴地增加對世界的影響力。

這麼一來，我們就能漸漸地奪回自己人生的主導權。而我希望這本書能夠成為這樣的契機。

目錄

第4章 如何將想做的事規劃成構想筆記

第1章

「從小事做起」是什麼意思？

先把0變成1

● 訂下小目標，從小事著手

住在栃木縣的A先生，他的夢想是把自家改裝成咖啡廳。
大學生B想開一間教導孩子繪畫的教室。
四十幾歲的上班族C先生，希望可以回到家鄉創業。
上述每個都是非常美好的夢想和目標。
我在各地舉辦過許多場像這樣分享自己的夢想，或是想做的事的學習會。在聽過這些想法之後，我都會給予這樣的建議。那就是——「要不要先從小事做起呢？」。
如果有希望實現的夢想，就先朝著眼前的方向，試著設定「小目標」。然後再嘗試以身體力行，做出「小行動」來實現這個目標。

我將這個方法稱為**「把0變成1的努力」**。

為了出書，我所做的把0變成1的努力

我的夢想是出一本以個人活動為主題的書。

對以前的我來說，這是個過於宏大的夢想。可是我希望自己能夠想方設法來具體實現。

我一開始設定的「小目標」是「製作一張企劃書」。

我思考這本書要寫給怎樣的人看、要寫怎樣的內容。就算只是假設也沒關係，我先試著統整自己的想法。

為了寫企劃書所付出的「小行動」，則是「買一本筆記本」。

我去文具店買了一本筆記本。這就是我為了出書這件事，所做的「把0變成1的努力」。

或許你會覺得「咦？就這樣？」。

可是這個小小的舉動，會成為**「最初的活動」**，讓我踏出開始寫企劃書的第一步。

大約一年之後，這本書成功出版了。

能夠順利出書，當然也有受到時機等各式各樣的因素影響。可是現在仔細回想，要是沒有實踐買筆記本的「小行動」，我應該也就無法出書。

學會「把０變成１」，不要讓自己僵持在「０仍然是０」的狀態。光是這樣，就能導向截然不同的結果。

● 夢想始終只是夢想的原因

開咖啡廳、創辦繪畫教室、回到家鄉創業……

人們懷抱各種夢想與目標。假設我們把最終成果以數字「１００」表示。

大部分的人，會因為這個數值太過遠大而感到畏縮，然後找藉口拖延，遲遲不去開始行動。

「要到達１００實在是太難了，等我改天有空再開始吧！」

「我現在沒錢，等我有閒錢了再試試看吧！」

「我現在還沒規劃完善，等計畫好了再著手準備行動吧！」

總是說這些話來給自己留退路，把自己的夢想寄託在不知道何時才會到來的「總有一天」。以前的我也是這樣。

回顧過去的自己，重新思考。

我們很難擁有那種充滿餘裕的生活。即使真的有那麼一天，到時候我們又會把注意力轉放在旅行之類的其他事物之上。錢也是一樣，手頭上的財富並非很容易就能達到理想數字。即使真的有錢了，到時候又會想把錢花在其他事物之上。

計劃也是。即使長年從事與規劃相關的工作，我也從來不曾做出完美無瑕的計劃。因為一旦實際開始行動，就一定會發生意料之外的各種情況。

●產生念頭的當下，就要把0變成1

最重要的是，在產生念頭的那個瞬間，就要展開小行動。也就是朝著期望的結果，踏出開始的第一小步。

我認為「現在」這個瞬間非常重要。

我堅信「唯有現在這個瞬間，能夠賦予人們決策與行動的自由」。

過去的自己已經無法行動；未來的自己能不能行動，也要視未來的狀況與環境而定。

唯有現在這個瞬間，人們既可以做出決定，也能展開行動。

所以就從現在開始，嘗試做出小行動吧！

試著創造開始行動的契機。如果希望實現100的事物，首先請把目光放在「把0變成1」之上。一切都將由此開始。

我們無法立刻從0的狀態走到100。

就好比登山，我們無法馬上就爬到山頂。而是要先從看著腳下，踏出第一步開始。

先嘗試踏出一小步。踏出第一步

後，再踏出第二步；踏出第二步後，再踏出第三步。

如此一步一步累積，就能持續向前邁進。

無論是再高大的山，只要繼續踏出一步又一步，遲早會抵達山頂，看見絕佳景色。

提示1

為了把0變成1，嘗試展開最初的小行動。

設定「理所當然能夠辦到的目標」

展開新的行動，試圖實現目標時，我一定會留意一件事。那就是**「從理所當然能夠辦到的事情開始嘗試」**。

這件事不必花費太多時間就能辦到，當然也不需花錢。

徹底降低障礙，把最初的目標設定為會讓你認為「既然這麼簡單，那我當然辦得到！」的事情。

然後盡快創造「小行動的實績」。

● 最初的一步之所以會成為關鍵的理由

當我們身在公司等具備規模的組織當中時，若想開始執行某件事，光是創造出最初的實績就需要花上許多時間。

因為我們需要先釐清活動本身對組織而言的意義，或是設定KPI*（關鍵績效指標）。然後再進行調整，梳理整體執行過程中的邏輯。目標在不知不覺當中逐漸擴增，第一步的步伐也隨之加大，需要很長的準備期間。

我過去所隸屬的公司，就發生過好幾次這種事。

我認為，如果是組織中的工作，這種情況也是無可奈何的。可是，既然是依照自己的意志所開始的事情，就沒必要配合這種作法。

最初的一步應該是不會讓人感到壓力或緊張就能做到的事。

所謂的邁出步伐，只要是與自己能力相符，「理所當然能夠辦到」的一小步就可以了。

●努力「在腦海中想像實現與達成的畫面」

我給各位的建議是，一開始要做的，最好是既小又簡單的事。

*KPI：Key Performance Indicators的簡稱，意指達成組織目標的關鍵績效指標。

怎樣的事可以視為「既小又簡單的事」呢？那就是你的腦海中所浮現的**「實現與達成的畫面」**。

希望出書的我，最初設定的目標是「買一本筆記本」。

這麼一來，腦海中就已具備實現與達成的鮮明意象。不用煩惱或猶豫，立刻就能明白要怎麼行動才好。

「寫一張企劃書」也是一樣，對我來說是能夠想像出實現與達成之後畫面的事。畢竟我過去寫了數不清的企劃書與構想筆記。

順帶一提，統整創意的構想筆記，只要明白寫法訣竅，任誰都能輕易完成。相關的具體作法，我會在本書的第四章為各位介紹。

● 設立感到愉快的目標

設定理所當然就能辦到的目標。同時，這個目標最好是能讓你感到「愉快」的。

因為愉快能帶來行動的動機。

我在二〇一四年左右擔任發起人，創立聚集「在東京生活的栃木縣人」的社群。然後規劃並舉辦大量的活動、餐會等等。

開始投身此活動時，我最初所設定的目標是「舉辦小型飲酒會」。如果是飲酒會的話，就能用輕鬆又愉快的心情開始著手規劃，召集參加者也相對容易。

首先，我找來四位認識的栃木縣人參與。

大家以故鄉的往事開啟話題，度過了非常開心的時光。

下一次的活動參加者增加到了八人，我們又聊得更開心了。「要不要再找來更多的栃木縣人呢？」，我的夢想逐漸擴大。

此時的參加者成為核心成員，促成了往後所舉辦的百人規模大型活動。

只要目標是愉快的，抱持歡欣雀躍的心情，就能創造出最初的活動。這會降低行動的門檻，更容易產生微小的實績。

● 從理所當然就能辦到的事情開始的兩個案例

從理所當然就能辦到的事情開始，嘗試展開小小行動。在此介紹兩個熟人的案例給大家做為參考。

【O先生的案例】

大學時代的O先生，以打造「擴展人際的場合」而聞名。他一開始所做的事情，就是「在聚餐時，把自己的想法告訴朋友」。

大家都對大學生活懷抱期待。

可是，學生之間很難有擴展交友圈的機會。

校園裡有許多有趣的人，而他想找機會和這些人相遇熟識，或是自己創造這樣的場合。

入學以後，他將這個一直耿耿於懷的想法，鼓起勇氣告訴朋友。

在O先生把話說出口的同時，這個想法也轉變為「去實現的覺悟」。三個月後，他就和同伴一起舉辦了四十人規模的交流活動。

之後，他也繼續舉辦各式活動，在校園內逐漸成為受人矚目的存在。

【I小姐的案例】

I小姐是一名女性創業家，經營著自己所創立的「育兒方法」研習事業。最初，她所做的第一個行動是「舉辦類似茶會的小型媽媽讀書會」。身為專業主婦，她過著被養育三子追著跑的忙碌生活。在這樣的情況下，她發現了能讓小孩自己主動想坐到書桌前讀書的妙招。

某次無意中和朋友聊到這件事，沒想到對方竟然開心地回應：「這對我來說非常有幫助！」。

在茶會時也是一樣，I小姐所分享的招數在媽媽們之間廣受歡迎。因此她決定舉辦類似茶會延長版本的小型育兒讀書會。

這是個重視開心氣氛的小型育兒讀書會。之後她也廣獲媽媽們的支持，在二〇一八年正式創業。據說目前為止，她的學生已累計超過五千人。

提示 2

首先設定不勉強，理所當然能夠辦到的目標。

進入循環的週期

設立小目標後，先嘗試做出小行動。

從理所當然就能辦到的事情開始，嘗試創造行動的實績。將這些實績作為立足之處，繼續努力，從而達成希望的成果。

本書將會推薦幾個開始此類行動的方法。

在此要先介紹的是，我個人認為想要繼續活動，並獲得巨大成果時必備的思考方式，也就是「進入循環週期」的思考方式。

● 什麼是循環週期？

所謂的循環週期如以下所示。（請參考第30頁的圖1與圖2）

①產生想法（想做的事）。

②把想法化為小規模的具體行動，創造實績。
③經驗與人脈增加。
①'活用先前所獲得的經驗與人脈，思考下一個想法。
②'將此想法也化為不勉強的具體作法，繼續創造實績。
③'進一步增加經驗與人脈。
①"活用獲得的經驗與人脈，挑戰執行大規模的企劃。

直到成功獲取某種程度的結果，幾乎就能肯定地說，你已經順利進入這個循環週期了。接著請繼續挑戰擴大活動。

先前所介紹的【O先生】和【I小姐】也都有著類似的經驗。

●不斷循環，產出巨大成果

有了活動的實績，再把相關內容發佈到社群網路，就能當作實際案例告訴他人。

接著就會出現感興趣的人，增加對話的機會。

透過對話可以得到更多各式各樣的情報，而這也能作為日後產生新想法的

【圖 1】

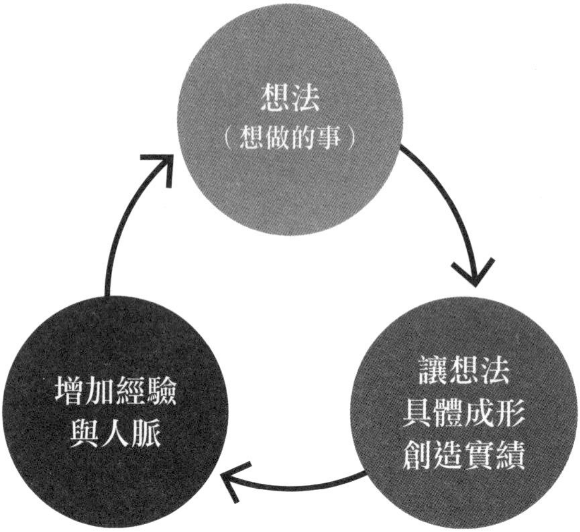

【圖 2】

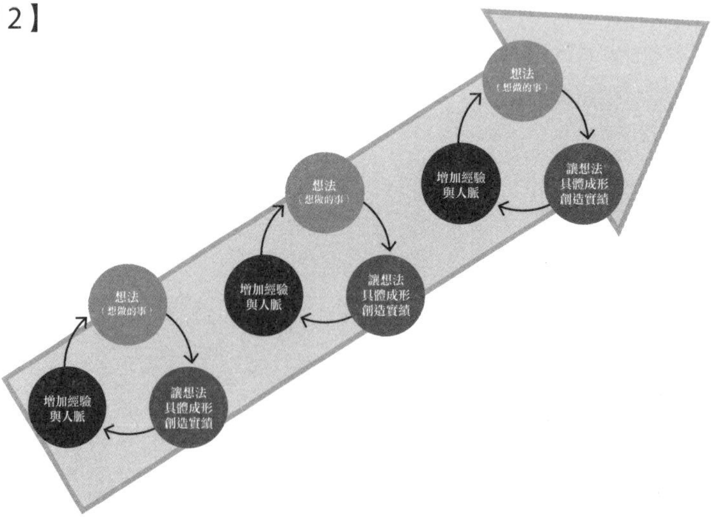

提示。

這個想法也要在不勉強自己的範圍內，嘗試讓它具體成形。隨著經驗值增加，亦會引發與新的人事物的邂逅。

漸漸地，會有越來越多的人來找你諮詢，也開始有人向你提議合作。然後你又會產生更多新的想法。

像這樣循環下去，經驗值與人脈就會不斷增加。

經驗值與人脈增加後，自己能做到的事情也跟著變多。

能做到的事情變多，也就漸漸可以讓大型方案具體成形。而這也就促成了巨大的成果。

這就是所謂「進入循環週期」的思考方式。

雖然看似理所當然，但經驗與人脈並不會突然大幅增加。我認為，這是需要一點一滴慢慢累積在自己身上的東西。

像圖2一樣進入循環週期的趨勢中，促成產出巨大成果的原動力。

● 無法進入循環週期的原因

無法進入循環週期時，是在哪個步驟停住了呢？

以我過去的經驗來說，很多時候都是停在「②創造實績」的地方。即使有所想法，卻也無法具體成形。

原因通常都是**具體成形的規模太大**。

因為追求體面，期望突然達成巨大成果。

為此挑戰難度很高的事，但卻又因為能力不足，不得不低頭放棄或是半途而廢。

在我剛開始個人活動時，也發生過好幾次這種事。正因如此，我才察覺到先將目光放在「取得小成就」的重要性。

提示 3

持續進行小型活動，逐漸邁向巨大成果。

分解成簡單的小事

取得小成就的訣竅之一，是「分解成簡單的小事」。

將複雜而抽象的事物，分解成簡單又具體的小事。

人在面對過大的課題，或是想像過於偉大的目標時，很容易會停止思考，變得動彈不得。

因為人會被聳立的巨大牆壁壓倒，導致志氣低落。

而這時候就需要分解的手法。

● 將大課題分解成小課題

首先要跟各位分享一則關於「分解」的軼事。這件事發生在我剛開始行動的初期階段。

二〇〇七年，我在電影院欣賞了《不願面對的真相》這部作品。這是一部由前美國副總統高爾主演，以地球暖化為主題，訴說嚴峻的環境問題現況的紀錄片。

我在欣賞完這部作品後，深刻領悟到「必須對此危機有所作為」。

可是，這個課題太大了，我對自己應該做些什麼才好感到毫無頭緒。

這時候，某人給了我建議。

「當你遇到的課題太過巨大時，就先嘗試把課題分解化小。探索課題的起因，並先將焦點放在能解決的事物上。」

這個建議正是創造具體行動的訣竅。

地球暖化的課題對我來說太過遠大。既然如此，或許可以試著把焦點放在調查原因，以及自己也能解決的小課題上。

於是我開始投入的行動便是在當時所屬公司舉辦的「環境研討會」。

全球暖化之所以不斷加劇的原因之一，即是人們並不知道暖化的嚴重程度。於是我想試著創造機會，把訊息傳達給身邊更多的人。而這就是我舉辦活動的初衷。

這場研討會是為了員工而開設，邀請有識之士為嘉賓，引起廣大迴響。之後我也以環境問題為主題，展開了幾項公司內的研究計畫。

這正是我在分解課題的同時創造出小成就，並導向下個成果的案例。

●將有朝一日想做的事，分解成現在就能做的事

試圖讓想做的事具體成形時，「分解」的手法也能發揮效果。

假設自己心中有件想做的事，但那並不是輕易就能實現的目標。

很多人會在這裡就停止思考，我認為這樣非常可惜。

即使無法立刻實現，也可以試著換個想法，**「有沒有什麼是現在就能做的事呢？」**。

要實現想做的事，該做的準備工作應該很多吧！

仔細「分解」這些事，並試著寫在紙上。

例如，嘗試蒐集資訊、和某人討論看看、閱讀相關書籍，以及製作文件、整理構想等等。

只要不放棄地向前走，應該就會找到許多能做的事。

想開咖啡廳的A，最先做出的嘗試是邀請朋友來家中舉辦茶會。

想教小朋友繪畫的B，則是試著打電話諮詢附近的兒童中心意見。

想在故鄉創業的C，首先撰寫了統整商業構想的文案。

就算沒錢也沒有經驗或實績，現在的自己還是有很多事情可做。

找出現在的自己能做到的事情後，先試著從理所當然就能辦到的開始付諸行動。

我認為這也是取得小成就的一大訣竅。

● 分解具體行動的要素

想要確實地做出小小行動。

每當出現這個想法時，我就會試著「分解具體行動的要素」。

例如，假設我希望「朋友變多」，此時我要想的就是「具體該做出什麼樣的行動」。

假設我產生的想法是「參加研討會」。

雖然這是個好主意，但並非「具體行動的要素」。因為要去哪裡報名、參加什麼主題的研討會，都還不夠明確。

當我們意識到行動所需的要素時，就會察覺到首先應該「尋找要參加的研討會」，接著進一步想到「去網路上搜尋感興趣的研討會資訊」。

這麼一來，就能明確知道該做出什麼行動。

換句話說，「具體行動的要素」或許也就是「作業步驟」。

既然是作業，就應該是在不勉強、不煩惱的前提下，也能輕易訴諸行動。分解成要素之後，決定「什麼時候執行」。

然後將時間表寫入記事本或待辦清單。

這麼一來，就能確實付諸行動。

提示 4

只要分解成簡單的事，就能更容易地找到實踐的方式。

打造原型

對於自己想投入的事情感到有點困難時，我會先用心打造「原型」。

所謂的原型就是「試做樣品」。在正式產品出產之前，如同實驗一般，**先試著做出具體成形的原型樣品**。而這也是從小事開始努力的方法之一。

我從二〇一一年開始在各地舉辦「讓想做的事具體成形的企劃書講座」。這是個體驗型的講座，讓學生們在聽講的同時，整理出自己想做的事，並彙整在一張紙上。

其實過去的我並沒有擔任講師的經驗。雖然寫過數不盡的企劃書，但沒有「教人」的經驗。

當時的我不善於在眾人面前說話，舉辦講座讓我感到很不安和害怕。

但是我想嘗試的念頭也很強烈。

因此我找來兩個熟人，請他們試聽我的講座預演。透過事先演練，發現可以改善的課題。此外，雖然緊張，但我先體驗過擔任講師的感覺，並藉此獲得些許的自信。

兩個月後，我以此原型為基礎，舉辦第一次講座。這個講座很受歡迎，一年下來吸引了數十名的參加者。

●原型樣品的實踐

有了想做的事情後，在具體成形前，有許多事情必須思考。

例如何時、何地、對誰、要做什麼等等。

如果在某種程度上條件已經固定，那麼我就會建議開始打造原型。可以先試著用小規模、做實驗的感覺，讓原型樣品具體成形。

失敗了也無妨。

如果想讓現在思考中的事具體成形，會出現什麼樣的課題呢？原型樣品的實踐正是用來確認此事的方法。

首先嘗試將小事情具體成形。然後發現課題，一邊修正，一邊一點一滴地提高品質。如此一來，「實踐的經驗值」也會累積內化為自己的一部分。

召開「第0次」活動

對於想讓研討會或活動具體成形的人，我會建議先舉辦「第0次」活動。參加者僅限熟人。可以找來感情要好的朋友，但基本上不會廣召眾人。先用實驗的方式進行試作。

目的是確認流程和發現問題，就像是在排練。

即使是本來認為已經準備萬全的研討會，到了正式開始時，還是會發現許多應該修正的地方。

大部分的情況下，時間安排不會按照最初所想的順利進展。需要的設備和工作人員的任務分配等等事宜，也會有許多該重新研討的地方。召開第0次活動，試著先確認這些細節。

新冠肺炎疫情出現之後，有許多研討會或活動改成在線上舉行。第一次挑戰舉辦線上活動時，也會建議像排練一樣，先召開第0次的活動。畢竟實體面對面和線上活動所需注意之事項有所不同。

●比起「思考」，更重視「實作」

打造原型的最佳方式正是「實作」。

比起「正在思考的事」，人們對於「正在執行的事」更感興趣。

在社群網路上也是，比起只發布「想法」，內容是「實際投入的行動」的文章會得到更多人的回應。

思考什麼樣的事、付諸什麼樣的行動、有什麼樣的實績，人們對這些事更感興趣。創造「實際行動」。

我認為這很重要，無論是想擴展人脈，還是提高自己的品牌力。雖說如此，但實際付諸行動通常會需要相當多的時間與勞力。為此，可以先試著挑戰打造小型原型樣品。規模微小也沒關係，先讓它具體成形。以做實驗的心情去打造看看。請務必親自嘗試行動。

提示 5
打造小型原型樣品，創造「實際行動」。

播下小小種子

如果你希望收穫果實，就要先播種。

這是我非常重視的行動理念。這個「播下小小種子」的行為，也是從小事做起的努力之一。

如果希望獲取某種成果，就必須先自己動手播種，創造最初的契機。光是等待，是不會有任何改變的。

雖然也有幸運女神突然降臨的故事存在，但這種情況發生的可能性極低。畢竟奇蹟是很少見的。

然而包括過去的我，其實有許多人都相信這種奇蹟會發生，懷抱著「總有一天會實現」的期待，過著一如往常的每一天。

● 原因創造結果

這個世界的組成要素之一，正是「因果法則」。

先有原因，從而產生結果。這是非常簡單的法則。

為了取得結果，我們必須先打造能夠得到此結果的原因。沒有原因，就不會產生結果。正確來說，是很難產生。

這並非怪奇世界的奇妙故事，而是我們所在的日常生活當中，理所當然的事實。

先有原因才會產生結果；播種才能得到果實。

如果想收穫果實，就要先播種以及澆水。發芽後耐心培育，確實地等待開花結果。

果實就是這樣打造而成的。

要讓想法具體成形，或實現想做的事，需要付出種種行動。

人際關係也是如此，累積財富亦是同理。

播種後收穫果實。打造原因，取得結果。

體驗過各式各樣的成敗之後，我發現世界即是繞著這個法則運作。

現在的自己也是結果的體現

有了這個發現之後，我又發覺了另一件重要的事。

那就是**「現在的自己也是結果」**。

過去的自己進行了各式各樣的決策與行動，這些行為造就了現在的自己。

「過去的自己」打造了原因，得到「現在的自己」這個結果。

如果現在的自己很幸福，那正是歸功於過去的自己種下了幸福的種子。

如果現在感到痛苦，那或許是過去的自己埋下了痛苦的根源。

我發現了這個道理。

接著我又進一步思考了以下的事。

能夠決定自己未來的模樣的，正是現在的自己。現在的自己造了怎樣的因，決定未來的自己獲得怎麼樣的結果。

自己現在播下了什麼樣的種子呢？未來的自己所得到的果實，將會根據現在播下的「種類」和「數量」而改變。如果心中有著希望創造的未來藍圖，現在就必須播下能夠帶來其結果的種子。

先播下小種子

重要的是先播下小種子。

剛開始的種子越小越好，最好是輕易就能辦到的事。

因為這麼做不太花時間和金錢，而且還能確實打造「實際行動（原因）」。

最初先以一天一粒作為目標。

一天一粒，為未來的自己播下種子。

即使確實播種，很多時候也不會發芽。明白「也有不會發芽的種子」，並且允許這樣的情況存在，試著用愉快的心情，堅持不懈地努力投入其中。

持續進行這樣的行動，在未來的某個時機就會發現有一兩顆種子開始發芽。這正是能讓想做的事具體成形，「連結至下個階段的根源」。

發芽後澆水，繼續認真培育。

同時也繼續播種。

然後隨著時間過去，你的身邊應該就會結出一些豐碩的果實。

提示6

為了想打造的未來，現在就試著播下種子。

我的播種實例

即使知道要播下小小種子，但具體來說要怎麼做才好呢？腦中或許很難馬上浮現具體形象。因此，以下將介紹我經常實踐的五個播種實例。

●將想法統整在紙上

將想法化為文字，並且寫出來統整。

這是用來讓想做的事具體成形的重要步驟。

把想法統整在一張構想筆記上面。有了這張紙，要向人傳達自己的想法就簡單多了。構想筆記的寫法，我將在第四章詳細介紹。

●和人交談

和人交談也是讓想做的事往前推進的重要播種。構思想法時，其他人給的意見及建議或許會是重要提示。此外，透過將想法告訴別人，說不定會遇見志同道合的同伴或夥伴。

和人交談時，我會盡量選擇以「一對一」的方式進行。因為越能用心理解彼此，越容易加深與對方在未來有所連結的緣分。雖說和人說話是個看似稀鬆平常的簡單行為，但一開始光是寄送邀約對方的電子郵件，都會讓人覺得有點害怕。

此時就該先從簡單的事開始。先試著邀請感情要好的朋友聚餐，然後在聚餐的閒聊氣氛中，嘗試向對方傳達自己的想法。

類似的事情多執行幾次後，自然就不再懼怕邀約他人或談論自己的想法，能夠主動出擊而不需勉強。

● 參加研討會或讀書會

當出現「想發起新的行動」的想法時，我經常會選擇參加相關主題的研討會或讀書會。

首要目的是為了邂逅他人，創造新的緣份。

為此我多會選擇參加有對話時間，或在會後留有交流時間的研討會。近期，線上活動也開始活用分組討論室等功能，增加互相討論的機會與時間。這些對話型研討會不僅內容有趣，也符合自己的興趣，而且能夠邂逅他人。我會透過社群網站等方式尋找並報名參加這類型的活動。

● 傳播自己的想法或努力的資訊

希望找到對自己的想法有興趣的人時，我通常會透過Facebook等社群平台發佈相關資訊。

對於自己發現的問題意識，或是想要致力解決、已經實踐的事，我會盡量將這些資訊連同圖片一起發佈。

若有對於同樣主題感興趣的人來留言，我便會個別發送訊息給對方，創造深度對話的機會。

● 讀書

讀書也是非常簡單的播種行為之一。

讀書會激發出各式各樣的想法。受到書本內容的刺激，腦中出現各種發現或是靈感。

當然，有時候讀書是為了獲得知識。可是對我而言，更重要的目的是給予自己刺激、激發新的構思。

其他還有各種播種方式，這裡僅先介紹最容易投入其中的五個實例，請各位讀者不妨參考看看。

提示 7

將想法統整在紙上、邂逅他人並與其交談，這些都會成為播種的實績。

製作「播種紀錄表」

要讓想做的事具體成形，就必須先做出各種微小行動，例如播下種子等等。即使只是小小的努力，但想要持續堅持下去還是需要相當大的毅力。剛開始或許能夠全力投入，但不知不覺之間，就會因為日常瑣事忙得不可開交而難以繼續下去。我也有過好幾次這樣的經驗。

為了克服這種情況，現在的我養成了製作「播種紀錄表」的習慣。這是用來讓播種之類的行動能夠愉快地持續進行下去的有效手法。

●製作「播種紀錄表」的方法

在製作「播種紀錄表」時，我會使用A4尺寸的白紙。然後如圖3所示，橫向把紙分成七等分，再縱向畫出三條線。

【圖3】

		做出的行動	變化或成果
1／17	星期一	• 嘗試寄電子郵件給A	
18	星期二	• 尋找研討會的相關資訊 • 報名參加◎◎研討會	
19	星期三	• 讀書並構思創意（在電車上）	
20	星期四	• 嘗試將昨天想到的創意，整理在一張紙上	• 收到A的回應，決定約個時間用ZOOM談話！
21	星期五	• 參加◎◎研討會，認識更多的人	• 和C見面後，決定日後多加深聊
22	星期六	• 和A透過ZOOM對話，發現兩人意氣相投（整理在紙上的創意筆記很有用！）	
23	星期日	• 為了維持體力而去散步	

最左欄寫上日期與星期；右側紀錄當天「做出的行動」。

舉例來說，1月17日（星期一），我嘗試寄了電子郵件給A。我透過社群網路知道A開始執行某項獨特活動，知道這件事後，我馬上想到我們或許會有什麼共同的交集。

即使只是寄電子郵件這樣的小行動，我也會紀錄在紙上。

填寫表格時，最初的目標是「一天一個行動」。

在計畫階段或是當天晚上寫下行動事項。

如圖3所示，「做出的行動」右邊可以寫下「變化或成果」。

以1月20日（星期四）為例，最右側寫下的是「收到A的回應。決定約個時間用ZOOM談話！」。可見1月17日（星期一）的行動成果，體現在1月20日（星期四）這天。

雖然只是很小的成果，但仍讓人感到開心。

● 紀錄內容會隨著繼續下去而發生變化

以一天一件事為目標，持續打造小行動，就會展現出小成果。

接著，可以寫在紙上的事情逐漸增加，行動將轉變為令人愉快的事。

圖4是紀錄表的變化。

最初先以一天一件事為目標，約兩週之後，每天能寫的事情慢慢增加為兩三件；一個月後，「做出的行動」用的格子就變得寫不下了。只要繼續下去，

【圖4】

7/11	星期一	‧徵詢N的意見	
12	星期二	‧參加線上研討會	
13	星期三	‧買書	

8/1	星期一	‧徵詢K的意見 ‧製作自我分析的工作表	
2	星期二	‧整理徵詢到的意見 ‧寄邀約的電子郵件給H	‧社群網站上有回應！
3	星期三	‧架設網站的構想 ‧蒐集研討會資訊 ‧在電車裡得到啟發	‧H回覆OK！

9/5	星期一	‧製作研討會的講義 ‧和主辦人事先商量／成為社群好友 ‧列出相關人員名單／編寫宣傳文章	‧主辦人說OK！
6	星期二	‧在社群網站發文 ‧寄邀約的電子郵件給I ‧在電車裡修正講義，有新發現！	‧發現想要的書！
7	星期三	‧年終忘年會的企劃（徵詢意見） ‧修正研討會講義／製作圖片 ‧邀請Y參與合作專案	‧社群網路留言增加 ‧謝謝各位對於PHP提出的建議！

一定會出現這種變化。

●開始製作「紀錄表」後的小故事與活用例子

我是在距今約二十年前開始製作紀錄表的。

當時的我沒有什麼特別想做的事，每天怠惰度日。

在二十年前的黃金週，我放了一星期的長假。我想著「好不容易休長假，想做點有意義的事」。

於是我決定把自己每天做了什麼紀錄下來。因為紀錄讓我能夠控制怠惰的念頭，會忍不住反省思考，覺得應該改變自己運用時間的方式。

當時的我想做的，是「對未來的自己有意義的事」。

自從開始做紀錄以後，我的潛意識就一點一滴地改變了。

首先，我在準備要做某件事時，變得會先去思考「這對未來的我來說有意義嗎？」，甚至還會自問自答「對未來的自己有意義的，是什麼呢？」。

時光飛逝，分成七等分的Ａ４紙越寫越多。

值得開心的是，寫下的事越變越多，我感覺自己正在累積正面經驗。

每次看到這些紙，就會產生「哎呀！今天也是美好的一天呢！」的想法，情緒變得安定。

我也發現，我會為了想要增加寫在紙上的事而主動發起行動。

自此之後只要遇到長假，我就會製作紀錄表。

二〇一一年的震災以後，我每天都會做紀錄。

情緒低落時，我經常會重看紀錄表。瀏覽寫下的事情，精神就會漸漸振奮起來。

藉由關注表格內容，想起那個堅持不懈、竭盡全力努力於某件事的自己。

「哎呀！我並沒有虛度光陰。」，重新察覺這點，從中獲得勇氣與幹勁。

每天只需要一分鐘就能完成紀錄，請各位務必嘗試。

提示 8

為小行動或成果留下紀錄。

COLUMN 1

從小事做起，豎立屬於自己的旗幟的案例

首先從小事開始，試著創造實績。接著將實績作為立足處，連結到下次行動，逐步豎立屬於自己的旗幟。

以下將會介紹我身邊幾個做出這般行動的案例給各位參考。這些案例中的每個人，都是即使煩惱也仍不畏懼，勇往直前地朝著自己的夢想或目標邁出步伐，最終帶來巨大成果。

● 電影導演 渡邊智史

渡邊先生原本的志向是成為一名建築師。大學時，他以平常心參加了在當地舉辦的「山形國際紀錄片影展」。

在影展中，他邂逅了來自全世界的社會寫實派導演所發出的強烈訊息。例如貧困、糧食，以及歧視等等社會問題。那是他透過影像，首次領悟到的世界真相，是身在日本無法想像到的真實樣貌。

「電影，是連接自己與世界的工具。」

「讓觀眾的心成為推動社會前進的原動力。」

他被這個發現強烈吸引，一頭栽進紀錄片的世界。

一開始他所做的事情，是**自己監製規模較小的作品**。

十九歲那年，他向大學借了攝影機，開始將自己眼見的日常收錄於底片中，然後製作出第一部紀錄短片作品。

以此為契機，渡邊先生立志從事影像工作。

至今為止，他的主要代表作包括紀錄保護與繼承本土作物的《復甦的食譜》；透過自然能源，介紹地域再生案例的《溫和的革命》；以及描繪日本最高齡調酒師半生的《YUKIGUNI》等等。

作為一名紀錄片電影導演，他因為透過作品為社會現況發聲，點亮觀眾心靈，成為希望之光而受人矚目。

● 認定NPO法人Key Person21　代表董事　朝山敦子

朝山小姐原先是位全職家庭主婦。她的長子就讀國中時，學校發生了學級崩壞

（譯註：校園教育機能持續失效，師長無法用尋常方法解決孩童問題行為）。

這群國中生把水或牛奶倒在地板上，肆意破壞學校公物。

她的長子告訴她：「我不要上高中。」。

原先視為理所當然的事情突如其來走向崩潰，使她內心充滿疑問。

為什麼會有這樣鬧事的孩子出現？

為什麼有的孩子會變得軟弱無力？

經過多次和長子以及認識的國中生們對話，她好不容易才得到答案。原來，大家都在尋求發洩情緒的方法。

他們必須找到能讓自己發自內心「期待的事」。並且創造能使自己察覺，開始行動的契機。

最初，她所投入的是**打造探索「令自己期待雀躍之事」的體驗計畫**。

剛開始經歷了不少次的失敗。畢竟這是她第一次著手打造活動計畫。

和學校相談卻吃了閉門羹，該地區和周圍的所有人也都對此漠不關心。

儘管感到沮喪，她還是繼續嘗試將自己的想法傳遞給更多的人，漸漸地，同伴越來越多，也找到了贊同她的想法的學校。

面對教育這面巨大的牆壁，她持續挑戰了二十二年。現在她的組織已有超過四百名會員，規模擴大到全國企業與地方政府等單位。身為日本屈指可數的教育NPO，他們致力於推廣教育計畫，並創造機會，引導更多的人找到能令自己期待雀躍之事。

● 作家兼出版製作人 潮凪洋介

潮凪先生大學畢業後，未能從事自己喜歡的工作。身為上班族，他並不想為了工作改變自己所重視的人事物，不想被公司或社會吞沒屬於自己的一切。

基於這個想法而開始的行動，是**打造「第三空間」**。地點在東京的南麻布。他和志同道合的同伴租了共居公寓，努力打造成和公司與自家皆不相同的第三空間。

首先從小型飲酒會開始，再慢慢發展成大型活動。在他的堅持不懈之下，十年內所累積的活動數量將近五百次。

這些活動令他獲益良多，包括組織團隊的方法、對於戀愛的想法，以及使思想具體成形的訣竅等等。

三十三歲時，他將這些實務知識彙整成書。透過出版書籍，他得到巨大的成就感與喜悅，感覺自己能勇敢地向世界展現自己的存在。

緊接著第一本書，他又出版了第二本。之後更陸續推陳出新，累積至目前為止，竟已出版多達七十三冊著作（累計銷售一百七十二萬本）。書的主題是愛與自由。

「找到真正喜歡的東西，並讓它具體成形，完全燃燒人生。我以這樣的生活方式為目標。」潮凪先生如此說道。真是帥氣。

第 2 章

如何尋找屬於自己的旗幟

嘗試改變接觸的資訊

在讀過第一章之後，或許有人會想：「我也想開始做些什麼！」、「我也想讓想法具體成形！」，此時很多人會遇到一個問題。

「但是，我該做什麼才好？」

第二章將給予幾點提示，激發各位透過思考與行動解決這個問題。

首先我想告訴各位讀者的提示，就是「嘗試改變接觸的資訊」。

總是接觸相同的資訊，重複日復一日的生活。那麼你大概也只會擁有一如往常的想法。

如果希望產出不同的構思，就必須接觸和以往不同的資訊。

舉例來說，當我們到了國外這種沒去過的地方，情緒就會變得高昂，感到興奮雀躍，對吧？觸目所及的事物，都讓人覺得新鮮又刺激。

於是腦海中便會接二連三地浮現出各式各樣想做做看的事。

愉快地和他人交談時，也會浮現出很多新的想法。我想有些人也曾有過以下這種經驗——來自別人的話語成為一種刺激，輸入自己的腦海後，激盪出全新的構思。

● 想要輸出，必須先有輸入

希望產生新的構思。

如果你有這個想法，首先應該努力的是創造新的輸入，嘗試去改變自己所接觸的資訊。

而且最好輸入可以產生刺激或令人驚訝的資訊。

因為這樣比較容易使思考發生變化。

當我一直關在家中、閉門不出時，常常會寫不出文章。這是因為我的思考僵化，變得無法輸出。

可是，一旦和人說話或是讀書，我的腦海中便會接連浮現出想寫下來的內容。而我認為，這正是因為接觸到的資訊，刺激了沉睡在腦中的事物，進而促進構思。

人本身就積累著龐大的資訊量。包括曾經體驗過的記憶、內心的願望，過去懷抱的情感和煩惱等等，充滿各式各樣的資訊。

而外在環境可以給予我們新的刺激。

這些新的資訊和自己本身所積累的資訊相遇，擦撞產生化學變化。然後激發創意或靈感等等新的輸出。

透過經驗，我們可以發現，這個過程正是構思產生的機制。

● 改變接觸的資訊，積累的資訊也會改變

嘗試改變接觸的資訊，也會改變自己本身所擁有的資訊。

人們會根據自身積累的資訊不同，產出不同的想法。

以烹飪為例，擁有較多料理背景資訊的人，相對容易對於料理產生創新的想法。

相反的，沒有料理背景資訊的人，就很難激盪出創意。

累積的背景資訊，就是產生構思的素材與基礎。

如果你還不知道自己想做什麼，就從改變接觸的資訊開始吧！為自己添加新構思的素材與基礎，我認為這樣的嘗試也是必經之路。

●從自身出發，引導出構思

這裡有個希望各位讀者知道的重要認知。

那就是「構思一定是由『自身』所誕生的」。

創意或靈感一定是從自身產出，而非來自外界。

「我該做什麼才好呢？」

這個問題的答案，我認為也應該從自身出發構想才能導出。

可是，很多人會向「外」尋求解答。追求速成，想著外界是否能夠給予答案，然後仰賴適性診斷或是占卜之類的方式尋找答案。過去的我也是這樣。

自己想做或是能做的事，即使向外探索也不會有答案。

雖然聽取其他人的案例，或是接受適性診斷，在接受刺激或獲得資訊這點上是有效的，可是這些做法，頂多只是找尋提示，只能作為提點輔助。

究竟要做什麼，必須從自己本身導出答案。

要是沒有察覺這一點，就會像梅特林克寫的童話一樣，踏上看不見盡頭、不斷尋找青鳥的旅程。

● 懷抱疑問，接觸資訊

那麼具體來說，要接觸什麼樣的資訊才好呢？

我認為可以先從自己可能感興趣的事情開始，試著從小處著手。可以的話，建議去接觸以自己的五感體驗到的第一手資訊。

與其看電視上的旅遊節目，不如試著用自己的雙腳，踏上沒去過的城鎮。

與其在網路上觀看影片，不如試著和他人見面，傾聽對方說話。

與其翻閱時尚雜誌，不如試著大膽走進自己喜歡的店家。

重要的是，**抱持著「自己想做的事情是什麼？」的疑惑接觸資訊。**懷著問題意識的同時，嘗試接觸新的資訊。

一邊尋找自己有興趣的事物，一邊漫步在陌生的城鎮。思考自己的力量能發揮什麼作用，並用心傾聽他人說話。想像自己希望豎立的旗幟，並嘗試走進喜歡的店家。然後盡量將注意力放在所得到的「小發現」上。你會感到有些興奮、覺得與平常有點不同，或是產生某種靈感。得到這樣的體驗後，請務必將它們紀錄下來。我認為，累積這些經驗非常重要。

提示 9

接觸與往常不同的資訊，將注意力放在小發現上。

大發現就在小發現的前方

所謂的大發現，其實就在小發現的前方。

這是我在過去得到大發現的經驗中，所領悟到的體悟。我過去在公司所擔任的職務，是廣告或新商品的創意開發。回顧那些成果優秀的創意，就會發現這些都不是突然生成的。在這些優秀的創意誕生之前，其實早就有過許多類似的小創意或零碎不全的企劃出現。

制定解決課題的企劃時也是相同道理。

「啊，這麼做就好了啊！」，這種巨大的靈光一閃，總是在考慮過各種小型解決方法後才會出現。

察覺自己想做什麼的時候也是一樣。一邊煩惱，一邊累積小發現，之後才會有大發現。

雖然我也覺得，要是一開始就能得到大發現的話就輕鬆多了。可是所謂的發現，似乎就是這樣形成的。

● 獲得大發現的瞬間

接觸具有刺激性的資訊，心中的小發現便會油然而生。

我有時候會在散步時，腦海中突然靈光閃現；或是在和其他人聊天時，冒出創意拼圖的缺片。

每當這些靈感出現時，我就會先仔細寫在筆記本，耐心地累積各種小發現。

接著在某個時刻，這些發現和發現之間就會因為某個契機，產生連鎖反應。

就像是原本七零八落的拼圖片終於拼湊在一塊，最後啪嚓一聲，完成圖案的感覺。

也很像是小小沙塵堆積，建造成大型雕塑的感覺。

哎呀，原來是這個意思啊！

原來如此，這麼做就好了！

自己心中會產生「前後吻合」的感覺。

到達這種狀態時，腦海中便會浮現清晰的形象，告訴你該怎麼做才好；然後心中湧現「想做」、「想讓它具體成形」的衝動。這就是用來引發行動的巨大能量。

以我自己的經驗來說，大發現都是這樣出現的。

● 向齋藤一人學習

我曾拜讀齋藤一人先生的著作，主旨如下。

小的開悟稱為「小悟」，而集結這些「小悟」，就能成就「大悟」。如果

你以為大悟會突然來臨，那就大錯特錯。所謂的大悟，必定是由小悟累積而成，而非一開始就是大悟。

當我讀到這段話時，覺得深有同感，和我的經驗雷同。

我想，或許開悟和發現是很類似的吧！

●首先努力創造小發現

「什麼是自己想做，或者能做的事？」

我認為這也是得到大發現前所需面對的課題。

要是有人可以直接告訴我們答案，那不就輕鬆多了嗎？要是可以透過算命之類的方法，不費工夫找到答案的話該有多好。

但身而為人並不是這麼回事。

我們要先為此煩惱、為此蒐集情報，並繼續累積有關自己想做的事的小發現。一旦出現靈感，就仔細逐一紀錄。

然後在某個時間點，串起各個小發現，「就是這個！」的大發現便會就此成形。

「我想做這件事！」

「這個我辦得到！」

只要抱持這樣的想法，過去的小發現就有朝著相同方向前進的意義。

我認為，所謂夢想應該就是這樣。

所以先別著急，試著去創造許多小發現。

創造能夠獲得發現的機會，將自己置身於可能會有所收穫的地方。

然後在自己身上累積一定程度的發現。

在我看來，這就是獲得巨大成果的最佳捷徑。

提示 10

想要得到大發現，就要先累積小發現。

應該先累積發現的三件事

先前曾提及「首先重視小發現」的想法。

第二章的主旨是「如何尋找屬於自己的旗幟」。那麼想尋找屬於自己的旗幟時，具體該歷經哪些發現呢？

以下介紹三個我認為必須累積的發現。

（1）發現自己

第一個是對自己本身的發現。

若想更加了解自己，首先最有效的是「盤點自己本身」。

仔細挖掘自己所具備的技能或才能，並讓它們「可視化」。

盤點的時候，建議可以一邊自問自答，一邊隨手寫下。不僅止於腦中思考，還要將其化為文字紀錄。

「盤點自身時的自我提問」可以在許多書籍或者研討會資料中找到，本書也會在第83頁以後介紹。

請各位務必留意要從「各種角度」發現自己，嘗試回答問題。

（2）發現他人的困難或需求

試圖尋找自己想做或者能做的事時，很多人會在做完「（1）發現自己」的階段就結束。

然而真正重要的是，再進一步去發現「他人的困難或需求」。

在此舉個例子。你在某個地方結識了一位六十幾歲的女性，並與對方變得親近。她對你說：

「因為傳染病的影響，最近很難和朋友見面呢！以前大家經常聚在一起喝茶聊天，非常開心。現在因為疫情避免外出，不但沒辦法和任何人說話，甚至沒有人能發牢騷。雖然我也想過用電腦或手機跟朋友們開個「線上茶會」，但是不知道該怎麼做。即使要付費也沒關係，不知道有沒有人可以教我們怎麼舉辨線上茶會呢？」

而你正好有在使用ＺＯＯＭ之類的視訊程式，每天開線上會議。

這時該怎麼做呢？

我想你已經找到自己能做的事了吧！

雖然為了找到自己能做的事，了解自己也很重要，可是，光是把目光放在自己身上，你可能還欠缺觀點。

除了自己以外，還要去接觸別人待解決的困難及需求。這麼做也能更清楚自己擁有什麼，明白自己能夠怎麼幫助別人。

此外，也可以弄清楚自己能夠帶給什麼樣的人快樂，而這也就是所謂的釐清目標或對象。

不僅要關注「自己的內心」，也要嘗試關注「別人的內心」。嘗試關心別人所面臨的困難或需求。

這就是尋找「屬於自己的旗幟」的一大提示。

請務必在日常生活中豎起天線，對他人的困難及需求保持警覺。

在聽別人說話，或探索自己記憶的同時，理解別人的困難或需求。然後有什麼發現時，馬上寫下筆記。

只要將注意力轉向這些事情，你將會發現世界充滿的待解決困難與需求，多到令人驚訝。

（3）發現具體行動的想法

我們已經學會發現自己，也能察覺別人的困難或需求了。

並且假設我們能夠在這之間找到「交集」。

接下來需要的是「具體行動的想法」。

曾是播音員的N，擁有在眾人面前說話的經驗與相關技能。

他認為這是自己的長處，也想教別人這些知識。

另一方面，透過徵詢意見，我們得知有許多年輕上班族，希望提升自己在眾人面前說話時的技巧。

此時，自己的長處和別人的需求產生交集。

之後應該思考的，正是「該如何將這個想法化為行動，具體成形」。

例如，「在YouTube之類的影音平台上傳影片」、「用ZOOM之類的視訊軟體舉辦線上研討會」、「規劃工作坊等體驗型進修會」等等，列舉出各式各樣的做法。

別忘了豎起天線，針對這些行動蒐集資訊。

首先增加行動的選項。

選項越多，設定最初開始時的「小目標」就越簡單。

思考連接三者的方針

若將以上所介紹的三種發現連結，便會得到這個答案：

「擁有這些特徵的我，針對有這種困難或需求的人，具體來說要做這樣的事。」

如果想讓這件事更加明確，就必須舉起「屬於自己的旗幟」。決定好大方針，剩下的就是開始小行動。

你的身上藏有許多寶物，先仔細挖掘自我吧！

每個人的身邊肯定都有某個待解決的困難或是需求。傾聽眾人的聲音，尋找你能夠成為解決者的人或課題。

也別忘了嘗試思考具體行動的點子。

一定會有需要你去做的任務。

一定會有人需要你。

請先用建立假設的方式，去尋找出這些事。只要累積小發現，這些小發現的前方，一定就會帶來大發現。

提示 11

了解自己、知道別人的需求，找出行動的方向。

用來發掘自我的提問

如果想要發掘自我，首先要做的是「盤點自己本身」。從你身上累積的龐大資訊中，尋找豎立「屬於自己的旗幟」的提示。以下將介紹用來達成此目標的自我提問。

首先傳授大家回答時的四個訣竅。

①寫在紙上

請將想法化為文字。

若是只在腦中進行問答，容易讓思考不斷兜圈而毫無進展。此外，難得察覺的事情可能也會隨著時間經過而忘記，寫在紙上可以預防這樣的情況發生。

②越多越好

寫出想法時，最重要的是以量取勝。

不僅僅是特別的事，也請務必將小事也寫下來。即使是對你來說理所當然的事，也可能是別人眼中「了不起」的事。

③劃出重點，使其具象化

寫出大量想法之後，自然就會發現其中相對「重要」的答案。請務必先在這些部份做個記號。此外，對於做了記號的部份，請用像是「具體來說要做～」的方式，將「行動」具象化。

④一點一點地累積

有些資訊需要花費時間才能在腦中浮現。

我們可以先試著從寫得出來的想法開始，之後出現其他想法時再補充寫上。建議用這樣的思維慢慢努力累積。

接著要介紹的是提問。你並不需要回答所有問題，請嘗試從容易回答的問題開始，以樂在其中的態度寫下答案。

● 關於才能

・有沒有什麼事情能讓你專心到忘記時間？
・有沒有什麼事情是你認為做起來並不辛苦，不費力氣就能辦到？
・不用努力就能輕易辦到，能夠獲得成果的事。
・全心投入時能讓頭腦活化的事。
・不用別人教，憑自己就能辦到的事。
・你認為「非做不可」，不做就覺得渾身不對勁的事。

能夠讓你「樂此不疲」的事，就是藏有才能的寶庫。

● 關於來自他人的觀點或評價

・只要做了就會有人感謝你的事。
・會被別人稱讚「好厲害」的事。
・別人認為你值得誇讚的優點。
・從別人的角度來看，你所擁有的特殊經驗或者特徵。

可以從自己的記憶中探尋答案，也可以詢求他人的意見。

關於專長技能與經驗

曾花一年以上時間投入的事。

透過工作習得的能力；逐步學會的事。

按照自己的想法實現，具體成形的事。

可以給別人像是「要不要試著這麼做？」等意見的事。

可以堅持投入的事；不願妥協的事。

擁有的證照（考取該證照所需掌握的能力）。

關於興趣和能夠樂在其中的事

有人拜託你時，你會樂意去做的事。

懷抱好奇心的事；會感到興奮期待的事。

有充分的時間和金錢的話，會想嘗試投入其中的事。

如果能夠鑽研某個領域，你想成為什麼專家？

- 你認為很重要，類似自我信念的事。

關於人脈

- 你的朋友大多是什麼樣的人？
- 有沒有認識擁有特殊才能的朋友？
- 你的朋友大多住在什麼地方？
- 有沒有想要合作（共事）的朋友？

能夠為他人提供什麼資源（Resource）

- 你有沒有能夠自由使用的「場所」？
- 你有沒有自己創造的「東西」或者「作品」？
- 你是否擁有能夠傳播訊息的「媒體」？或者能不能夠創建？
- 你有沒有想「傳遞」給別人的智慧或技術？
- 你有沒有「可以替代」其他人的技術或技能？

關於煩惱或是願望

- 你過去曾為什麼事感到煩惱？
- 你是否曾經（或正在）懷有自卑感？
- 你認為什麼是自己有所不足的地方？
- 你希望別人認為你是什麼樣的人？
- 你認為自己的角色是什麼？這個角色的任務是什麼？

你所懷抱的煩惱或願望，也會成為豎立旗幟時的一大提示。

提示 12

請嘗試一邊回答問題，一邊盤點自己本身。

掌握與人對話的機會

在思考自己的旗幟時，與人對話很有效。

所謂的對話，就是以「彼此互相理解」為目的進行討論，主要以兩人左右的少數人展開。

● 了解人的課題或需求

對話的目的之一，是了解他人所面對的困難或是需求。

理解困難或需求，得到發現，並且使其成為思考自己旗幟的提示。

所有人都有課題、煩惱或是願望。雖然這聽起來好像是理所當然的事，但是畢竟這些事情都是眼睛看不見，藏在每個人內心的。

為此，我們需要透過對話來互相傾聽並理解其他人的想法。

進行對話時，首先要針對彼此的近況，以類似閒聊的方式交換資訊。一邊開啟容易交談的話題，一邊建立能讓彼此感到安心的關係。

接著一邊互相提問，一邊深入話題，針對想嘗試投入的事情或是願望等主題，探聽對方的想法。

要是只有單方面持續提問，容易營造出像是盤問的氣氛。因此，你可以盡可能地從自我揭露開始，仔細花時間來達成互相理解的關係。

對話的時間以一個小時到一個半小時為基準。

即使時間短暫，也能大幅擴展你的世界，獲得各式各樣的發現。

● 發現自己的機會

對話也是發掘自我的機會。

和人說話時，可能會不小心將自己「無意識的真心話」脫口而出。這時，雙方想法的差異就可能讓你更了解自己。

透過對話，有時候也會知道對方認為你所擁有的「優點」或是「令人欽佩的地方」。

你擁有異於他人，獨特的經驗或能力。
然而這些都是自己很難察覺的。
因此，我們必須透過與別人對話，像照鏡子一樣，從對方的口中來發現它們。而這也是讓你了解過去未曾察覺、自己確實擁有魅力的好機會。

● 從別人獲得積極的能量

和他人對話時，多多少少會受到對方的影響。
對方如果是個開朗又有趣的人，我們就會被開朗有趣的氣氛所感染。
對方是個思考極具創意的人時，我們就會被其創造性的感性想法所刺激。
希望開始新的活動。
出現這個想法時，我會選擇和「以自己的方式展開活動的人」進行對話，因為我會受到對方「積極又主動的能量」所影響。
以嶄新的觀點掌握課題。擁有彷彿無底洞般的探究心和好奇心。
那是唯有能夠產出創意的人才擁有的構思能力。

還有從開始思考到實際行動的效率和決策力等等。

透過和展開活動的人對話，從他們身上得到刺激並獲益良多。這麼做也能成為思考自己要為何努力的提示。

製造與陌生人的邂逅時，請務必將「以自己的方式積極活動的人」作為目標，創造與他們個別見面的機會，嘗試進行對話。

這樣的人所說的話或是所散發的熱情，肯定會打開你在思考屬於自己的旗幟時的視野。

● 進行對話時的注意事項

在此，我想稍微簡單提及「進行對話時的注意事項」。

進行對話時，我認為最重要的是「尊重對方」。

每個人都在面對各自不同的境遇與環境，努力讓自己活著。請別忘了這件事，並且對於給予我們對話機會的對方，表達由衷的敬意與謝意。

此外，請盡可能選擇「和自己不同境遇的人」作為對話對象。因為這樣的人可以讓我們擴展自己所欠缺的視野。

進行對話時，以一對一、面對面的形式最為理想。

近年來，由於防疫對策和數位技術的發達，線上視訊的機會也隨之增長。我們也可以活用這些工具，創造更容易達成對話的機會。這也是非常重要的注意事項之一。

提示13

透過和人對話，獲得刺激和資訊，以及積極向上的能量。

嘗試讓自己置身於不同以往的環境

為了尋找自己的旗幟，讓自己置身於不同以往的環境也很重要。藉由改變接觸到的資訊，得到與以往不同的發現。

在此介紹我所實踐過的「置身於不同環境」的行動與訣竅。

● 踏上小旅行

想擁有整理想法的時間時，我通常會踏上小旅行。

搭電車移動，單程大概兩小時的獨旅。

我認為，旅行的好處是「**能夠俯瞰自己**」。

脫離日常生活，從第三者的角度來看待自己本身；擺脫世俗糾纏，將自己導向中立的狀態。

這麼做可以整理腦中思緒，是察覺自己內心真實想法的好機會。

方才介紹過的「用來發掘自我的提問」，我會在小旅行途中的來回電車裡思考這些問題。藉由脫離日常，讓自己更容易面對自己的過去或內心。

旅行也有「邂逅他人」的優點。

遇見和自己生活在不同環境、從事不同工作的各種人，藉由和更多的人見面，理解過去未曾了解的困難或是需求。

●與家鄉有所關聯

你有家鄉嗎？

即使擁有家鄉，你是不是也只有在過年之類的時候回趟老家而已呢？我以前也是如此。

十年前，有熟人邀請我參加家鄉（栃木縣）舉辦的交流型工作坊，而這也成為我豎立自己旗幟的大好機會。

在工作坊裡，我得以認識許多活動發起人。此外，也了解到許多存在家鄉的課題或是需求。

在這些課題或需求中，有些是我能幫上忙的。

於是我和這些活動發起人們互相提出想法，創建小型專案。

專案的主題正是「打造能讓家鄉的人與家鄉有所連結的交流場所」。

許多家鄉的人都在首都圈生活。就和原先的我一樣，因為升學或就業而離開故鄉，失去和家鄉的交集。

我們要在首都圈聚集這樣的人們，打造使他們與故鄉建立新關係的機會。具體來說，就是創造他們和活躍於故鄉的活動發起人邂逅的機會。我認為，這麼做應該能逐漸增加參與者與家鄉的交流機會。

自從開始這個活動之後，我所認識的家鄉人和仍然住在故鄉的人不斷增加。我甚至因此曾經接受當地的報紙媒體訪問，也曾接獲來自縣市政府的相關諮詢。

雖然我的個性非常怕生，但和家鄉的各種人相遇，瞬間就能縮短心的距離。因為出身相同母校，擁有共同熟人，當討論起這類話題時，距離很快就拉近了。

如果你也有家鄉，請務必試著和自己的家鄉有所交集。

參加研討會，或前往人們聚集的交流據點等場所，尋求對話的機會。這麼做一定就能產生連結未來的絕妙緣分。

● 嘗試前往現場

如果你有關心的課題，卻不知道該怎麼行動才好，那麼實際前往現場也是方法之一。

例如希望為災區的災民們做些什麼，或是希望為兒童的教育有所貢獻。我曾在浮現這些念頭時，親身前往災區和學校了解現場情況。然後傾聽當地人的聲音，並且思考自己能做的事。

透過電視或網路蒐集情報確實也很重要，可是光憑這些能夠認識到的課題，再怎麼樣都是既宏大又抽象的。

為了思考出自己能夠發起的活動與做法，課題必須是「既小又具體的」。為此需要前往當地，接觸第一手情報。用自己的眼睛和耳朵，詳細理解現狀或是課題。聆聽有所困難的當事人是怎麼說的，正確掌握需求。

這是不可或缺的努力。

● 稍微裝傻

發起新行動或投入不習慣的事情時，難免會感到害怕。

害怕失敗的情緒或不安總會閃現在我們的腦海中。

光是寄送邀請的電子郵件給熟人，都會擔心會不會給對方添麻煩而遲遲無法行動。

這種時候，我會試著「稍微裝傻」。

把平時的自己先稍微放到一旁，**扮演有點傻氣的自己**。

失敗了也沒關係，畢竟自己現在是有點傻的模式嘛。

我會對自己這麼說，讓自己能夠鼓起勇氣行動。

如果你覺得傻這個詞彙讓人有點不舒服，那麼也可以理解為**「以盡力而為就好的態度來面對」**。

目前為止，我曾經邀請過許多知名人士，例如藝人或大學教授等等，來擔任活動或研討會的嘉賓。

這些人全是未曾謀面的大人物。即使擬好真誠又禮貌的洽談信件，發送時仍然會手抖。

這種時候，我就會啟動「有點傻的模式」，給自己增添勇氣。
就算對方答應洽談，之後被拒絕的可能性也還是很高。
如果現在逃跑，就不會因為被拒絕而感到受傷了。
但是如果沒有行動就直接放棄，那麼什麼都不會改變。
從這樣的想法出發，扮演傻理傻氣的自己，與每位崇拜的名人建立關係。
我認為，這樣的心態也是創造行動的重要訣竅。

提示 14

為了建立新的關係或者構想，主動採取行動，跨出舒適圈。

調整焦點

到目前為止，本書已經提供許多從多方觀點來思考屬於自己的旗幟的提示。也談及了如何蒐集資訊、獲得發現，並且擴展構思。

擁有想法後，要再縮小範圍。用假設的方式也沒關係，請試著先聚焦在自己最感興趣的事情上，然後再針對這件事情深入思考。

至於具體要把焦點放在什麼樣的事情上呢？以下提供四個提示。

● 希望幫助誰

首先要調整的是目標對象。

假設到目前為止，我們都是在與人對話或者回憶過往的同時，蒐集課題與需求的資訊。

在這些對話和回憶中，有好多人都和你有所緣份。

你希望幫助誰呢？你希望誰對你說聲「謝謝」呢？

思考屬於自己的旗幟時，雖然把焦點放在「為了自己所做、能讓自己有所收穫」也很好。

可是也請試著稍微擴展視野，心懷**「我希望讓什麼樣的人露出笑容」**的想法來進行思考。

此時可以盡量回憶起「曾見過面的人們的面容」。

那些和你為了同樣問題而感到痛苦、懷抱相同煩惱的人們。

聽他說話時，會讓你覺得「我想幫助這個人」的人們。

和你很聊得來的人們。

可以的話，請將焦點專注於其中一個人身上。

然後試著思考，你希望解決這個人的什麼課題或者煩惱？為了這個人，你能辦到的小事是什麼？

若能想到什麼，馬上寫在紙上。

那就是你所能「豎立旗幟」的假設之一。

● 唯有現在的自己才能辦到的事

接著將焦點調整至「唯有現在的自己才能辦到的事」。

一定有些事情，是只有當下處境的你才能辦到的。

身處的地方、年齡、性別、經驗、人脈等等，一定有只有現在的你才能活用的優勢。

雖然現在的你有著某個煩惱，但正因為有著這個煩惱，所以才會有非做不可的事。

從這樣的觀點出發，將想法逐步具體化。

「如果有更多金錢或時間…」、「如果再年輕點…」，當然這些念頭也會掠過腦海。

可是，這些都是即便強求也無法擁有的東西，沒有就是沒有。

相反地，現在所擁有的東西就是你的優勢。

把焦點轉移至已經擁有的事物上，試著思考具體的解決策略。如此一來，就能用自己的方式展開活動，不需勉強自己。

●長處

將焦點放在自己的長處上，也是思考活動內容的一大提示。

不是明顯比別人優秀的事情也沒關係。

只要是自己認為擅長，投入其中時不以為苦的事情即可。而且必須是能用期待雀躍的態度面對的事。

將焦點放在這樣的事情上，開始活動，持續投入其中。

然後累積經驗，發揮長處。

隨著活動持續，每天也會過得更為開心，活力十足。

比起要求自己去克服自己不擅長的事情，更該把焦點放在自己擅長的事物上。把別人拜託你時，你會覺得很開心的事情當作工作。

這也是思考自己旗幟的提示。

● 別人沒有做過的事

在蒐集自己想開始做什麼事的資訊時，可能會發現「沒有人做過相同的事」。此時心中難免會產生不安。

但是換個角度思考，「別人沒有做過」或許正是機會。

因為這代表沒有競爭對手或是敵人。

正因毫無前例，所以要不要先試著從小事開始嘗試呢？

創造微小實績，視周圍的反應決定是否更加把勁持續活動。然後嘗試將你所努力的事情，利用社群網路等平台傳播出去。

如果出現支持者或是同伴，就再嘗試一起擴大規模。

持續這樣的努力，說不定在數年後，你就會以這條道路的開拓者或最高權威的身分去上電視節目。

如果有能辦到的事，就去勇敢嘗試

我非常重視「勇於嘗試自己能辦到的事」的想法。

實現自己能夠做到的事。

這個想法雖然非常簡單，卻是決定自己應有樣態的重要關鍵。

當然，我並不是神。

我既無法創造行星，也沒有改變天氣的能力。

但是我可以自主活動身體，也可以和他人對話。透過對話，我們可以將勇氣與活力傳遞給他人。

人類擁有許多「能夠辦到的事」。

我認為，去「做」這些「能夠辦到的事」非常重要。

有些人會選擇不做自己能辦到的事。

例如，假設有人能夠治好某種不治之症，卻不去進行任何治療活動。

這肯定會讓人覺得很可惜，對吧？

又或者，假設有人擁有能夠解決極端天氣問題的劃時代想法，但是卻什麼都不做。

明明只要行動就好。「哎呀，就去做啊！」，大家肯定都會這麼覺得吧。

雖然要「做什麼事」因人而異，但只要有「能辦到的事」，最重要的就是「去做」。只要不會觸法就好。

●能辦到的事會決定職責和生存目的

你能辦到什麼事呢？你持續做了什麼行動？

你是不是不小心將自己好不容易才辦到的事情隱藏起來了呢？你是不是忘記正視自己已經辦到的事了呢？

「能辦到某事」是很了不起的。

可以大聲說出「我辦得到」，而不只是「似乎可以」。

而且實際「做出行動」。

當你採取行動時，學習到的知識和發現就會油然而生，也會製造出自己與別人邂逅的機會。

接著「能辦到的事」又變得更多了。

隨著能辦到的事增加，你的職責也會跟著改變。

職責改變，生存目的也跟著產生變化。

生存目的會隨著「能辦到的事」改變。這是我根據過去經驗所得出的答案。

● 每個人都是未來世界的創造者

每個人都是未來世界的創造者。

即使只是微不足道的小事，但我們能夠透過自己所能辦到的事，創造新的變化。

舉例來說，我現在正在撰寫本書的草稿，正在創造過去未曾出現在這個世界上的文章。

而我國中三年級的兒子，現在正在跟學校的朋友講電話。透過對話傳遞語言，讓朋友的情緒掀起波瀾。

每個人都能夠透過行動創造變化。
我們都能在這個世界上創造出新的事物。
你也一樣。
你是新世界的創造者，而且是獨一無二的創造者。
和你相同處境的人，全世界只有你一個；你所經歷的記憶與擁有的感性，也唯你獨有。
你會創造出什麼樣的東西呢？
感到煩惱或是焦躁嗎？那是因為你誤以為自己沒有創造的能力。
我們可以小小的改變世界。
自己本身也會產生小小的改變。
如果有辦得到的事情，就去嘗試看看吧！如果有能做到的事，就試著從小處做起吧！
正因如此，世界才會擁有新的面貌。

提示16

如果有能辦到的事，就先試著從此著手。

第3章

打造魅力構想的觀點與手法

思前想後

第二章中，我們介紹了「如何尋找屬於自己的旗幟」。

像是自己想做或能辦到的事等等。你的腦海中是否閃過了什麼畫面呢？讓我們試著先從自己身上尋找一點點微小的構思吧！

如果找到了，那就對準焦點，將那個構思磨練得更加吸引人。

這麼做不僅是為了讓努力變得具體，同時也是為了能向別人淺顯易懂地說明自己正在進行的活動，增加關注與支持者的人數。

第三章會以此為主題，介紹打造讓人感到充滿魅力的構想時，所需具備的觀點與手法。

● **想像之前與之後**

首先想提供給各位的手法，是「思前想後」。

思考「Before（之前）」和「After（之後）」。

你希望在投入之前與投入之後，產生什麼樣的改變呢？

「藉由進行這件事，我希望將現在這樣的狀態，變成那樣。」

請將這句話在腦海中，以圖像或影像的方式進行模擬。

關於Before，主要思考現在或過去所面對的課題。

回憶自己經歷過的事，或是曾聽聞別人所說過的話等等，會比較容易想像。

After則是理想中的樣貌，或希望打造的未來。

最為理想的是嘗試想像具體的狀況，例如什麼人、什麼時候、在什麼地方、變成什麼模樣。

希望有所改變的或許是你本身，也或許是面臨困難的某人。

請先聚焦於某件事，在腦海中打造具體形象，接著化為文字寫下。

● Before & After的案例

以下介紹兩個思前想後的案例，提供各位參考。

【高中三年級的T】

①希望投入的事

希望畫出自由表現自己想法與情感的圖畫，並且透過社群網路散播出去。

②Before（現在或過去的課題）

過去曾被學校的老師完全否定自己的畫作。

雖然喜歡繪畫，但從此之後就變得害怕而無法創作。

認為全國還有很多像自己一樣，感性被大人否定的小孩存在。

覺得他們也和自己一樣，因為心靈創傷而變得膽小。

③After（希望打造的未來）

希望可以拿出勇氣，再次創作屬於自己的作品。

希望透過散播自己的作品得到認同，恢復自信。

希望能透過繪畫，傳遞勇氣與「感性是自由的！」的訊息給同世代的人們。

【五十幾歲．為職涯所困的Y】

①希望投入的事

希望聚集為職涯所困的人，舉辦線上會議。

②Before（現在或過去的課題）

獨自思考時，能蒐集到的資訊無論如何也有極限。沒有能夠商量的對象，導致內心充滿孤獨感。曾經被職涯顧問給了很低的評價，自我肯定感低落。

③After（希望打造的未來）

希望打造一個能夠聚集有相同處境的人們，開心地交換情報，互相勉勵的社群。成員之間互相分享自己想到的好點子，提高彼此的自我肯定感。希望實現即使是中老年人，也能為自己的人生感到自豪的社會。

●思前想後的意義

告訴別人自己希望努力的事情時，傳達理由、背景，以及目的非常重要。你的努力是以什麼事情為背景，目標又是什麼呢？為了要實現什麼而做的呢？我們要向他人說明並傳達這些事情。可是，每當要說明時，卻又常常想不出能夠表達的詞語。有效解決這種情況的，就是這個「思前想後」的手法。

藉由比較行動前後的改變，更容易整理出努力的意義。

聚焦在一種資訊上

如果腦海中沒有一個具體形象，或許就會讓人變得有點「貪心」。同時想東想西，變得很難聚焦。

請先把焦點對準某個狀況，仔細想像。試著把互相重疊、變得複雜的資訊，分解成簡單的樣貌。

先讓A的狀況有所改變，成為A'的狀態。

再把B的狀態打造成B'。

像這樣把資訊分開思考，更容易浮現具體形象。

將腦海浮現的事情化為文字

腦海中順利浮現Before和After的樣貌後，將其化為文字寫下。

我通常會寫在紙上，不過也可以用Word之類的文書處理軟體紀錄。

剛開始寫的時候，建議潦草快寫即可。

不必拘泥於要寫得完美無瑕，想到什麼就不斷地寫下去。也可以畫圖或是標示箭頭，想怎麼做就怎麼做。

將想到的事情寫下來，就會發現目標關鍵字。

「沒錯沒錯，我正是想實現這件事。」

會發現讓你有這種感覺的詞彙。

如果找到了，可以先用畫線之類的方式做記號。

將腦海中所浮現的東西寫到某種程度後，請重新審視自己所寫的內容，然後重新思考「我是為了什麼要做？」。

最重要的是，你希望將何種情況，改變成什麼樣的狀態。請嘗試用最簡單的語言表達。

提示17 思前想後，想像你希望造成的變化。

尋找「『有其緣由』的事」

關於打造魅力構想的觀點與手法。
第二個要介紹的方法是，尋找「『有其緣由』的事」。
你會希望投入這件事情，應該有著各式各樣的原因或背景。
請嘗試在這些原因或背景當中，尋找「『有其緣由』的事」。

●「『有其緣由』的事」能引人注意

以剛才介紹過的高中生T為例，他曾有被老師完全否定自己的畫作的經驗。他因為這件事而心靈受傷，無法再進行自己原本非常喜歡的繪畫。
這就是對T來說「『有其緣由』的事」。
聽到這個故事時，我的內心受到很大的震撼。不但感到震驚，也浮現出希望幫助他的念頭。

這是只有當事人才知道的「『有其緣由』的事」。這個緣由可以引發聆聽者「驚訝或共鳴的情感」，讓人能夠信服你希望投入的事情，認為其具備說服力。

藉此引起人們的關注，增加更多人的支持或贊同。

●從小故事或真心話尋找「『有其緣由』的事」

希望得到別人關注，希望讓更多人支持或贊同。

如果你也這麼想，請務必先找到對你來說「『有其緣由』的事」。

尋找的訣竅之一，是回憶你人生中的「事件」。

有沒有什麼經歷或是體驗，致使你想投入某件事呢？是什麼成為你想做這件事的源頭呢？

「其實曾經有過這樣的經驗……」、「其實曾發生過這種事……」

請在記憶中尋找這些事件。

「發自內心的真心話」也很值得參考。

無法直接對人說出的真實想法，就像是一直藏在心中的情感。

「其實很懊悔……」、「其實很煩惱……」、「其實這是我長年以來的夢想……」等等。

這些也有打動聽者，引發「驚訝或共鳴情感」的效果。

要尋找「『有其緣由』的事」，首先要將想做這件事的原因或背景寫在紙上。這是將腦中的資訊文字化的方式。

寫出大量的原因與背景後，就會發現當中包含了關於「『有其緣由』的事」的資訊。

哪個才是最能打動人心的有力資訊？如果希望確認這點，最好的做法就是和其他人述說，聽聽他們的感想。

把自己心中的想法寫出來。可以的話，嘗試說給別人聽。

請以「先從小事做起」的感覺投入這件事。

● 著眼於環境的變化

尋找「『有其緣由』的事」時，著眼於「環境的變化」也是方法之一。

你想投入某事的原因或背景，或許跟某種社會環境的變化有所關聯。

一旦環境改變，就會產生新的課題。

「因為遠距工作的出現，許多上班族無法順利切換上下班模式，導致越來越多大人的心理面臨崩壞。」

「隨著遠距課程的增加，注意力無法集中、課業跟不上進度的學童越來越多。」

類似這樣的環境變化，正是致使我們想投入解決問題的背景。

請試著透過與他人交換資訊，傳遞你想致力於其中的緣由。

這樣一來，接觸到資訊的人們也會有所覺察，更能吸引關注。

社會環境正在發生巨大變化。

世上充滿許多「『有其緣由』的事」。

豎起天線，對這些事情保持警覺，也是尋找屬於自己的旗幟的重要提示。

提示18

為了吸引人們的關注，嘗試尋找「『有其緣由』的事」。

深入思考原因

如果是要致力於解決某項課題，請務必先找到「原因」。

請先嘗試深入思考「為什麼會變成這樣？」。

●尋找課題原因的事例

五十幾歲・為職涯所困的Y，在摸索今後人生的過程中感到痛苦。

這樣的痛苦對Y來說是很大的課題。

「為什麼會這樣？是什麼讓我感到痛苦的呢？」

Y自問自答，並和相同處境的人對話，尋找痛苦的根源。然後他終於有所收穫。

原來是因為Y沒有可以輕鬆商量的對象，這讓他感到格外孤獨。

畢竟獨自一人能蒐集到的資訊有限，而這也會造成不安與焦躁。除此之外，他曾被職涯顧問給予極低評價，這讓他感覺自己的人生被否定，自我肯定感消失殆盡。

不光是自己，許多人在思考未來時，都會面對這些讓人感到痛苦的原因。為了解決這個問題，Y認為需要創建社群。於是他決定成為發起人，開始相關活動。

提問並尋找原因

將焦點對準某些課題，切記事出必有因。

尋找原因，才能通往解決之道。

探索原因最有效的方法，就是在思考的同時，回答「為什麼會變成這樣？」這個關鍵問題。

我們需要「負責提出問題」的角色。

這正是廣泛而深入探索原因的訣竅。

如果自己就是面對課題的當事人，可以在自己心中創造一個「負責提問的自己」，嘗試自問自答。此外，如果有機會和其他人進行對話，也可以讓他人向自己提問，加深思考。

如果面對課題的人不是自己，那就嘗試和當事人見面，尋求向對方請教的機會。然後一邊提問，一邊互相商量，找出問題根源。

和他人商量時，營造氣氛非常重要。

請務必營造類似閒聊的愉快氣氛，讓雙方都能在安全又安心的氛圍中隨意交談。

這樣一來，即使是尚未深入思考的想法，也可以輕鬆說出口；而且對方也更容易說出真心話。

這正是抵達課題本質的捷徑。

● 找出「啊，原來如此！」

左思右想課題的根源及相關意見。如果途中發現令人在意的事情，也別忽視，請進一步深入探究。

針對意見重複提問「為什麼？」，嘗試找出原因。

然後就會靈機一動，浮現「啊，原來如此！」的想法。

這是藏在現象深處的本質，照到光線的瞬間。

「啊，原來如此！即使到了中老年，人們還是希望能對自己保持自信。他們也想說說自己的當年勇，希望有人誇讚他們。正因如此，中老年人需要用來重拾自信的社群。」

這樣的發現，是創造有效解決方案的線索。

請仔細探究原因，直到冒出「啊，原來如此！」的想法為止。這會成為推敲構思的重要提示。

● 首先將焦點放在可能解決的簡單課題上

重複提問並尋找課題根源。

大部分情況下，會找到不只一個，而是很多個原因。這些原因當中，會有輕易就能解決的，當然也有難如登天的。

我們應該先將焦點對準自己可能解決的部分。將焦點放在覺得能夠簡單解決的事情上，創造實績。

此外，在剛開始活動不久時，請盡可能集中心力解決某個原因就好。因為若同時將焦點放在好幾個原因上，努力的方式就很容易混淆，變得模糊不清，難以得到成果。

先別貪心，集中在單一事件上。

等經驗累積夠多，再來考慮同時進行好幾件事。

以這樣的方式致力於解決問題，才是提高努力的品質和受到他人信賴程度的訣竅。

提示 19

探究課題的原因，就是找到解決方案的線索。

和當事人一起思考

當我希望將解決方案磨練得更有效、更具吸引力時，我一定會做一件事。那就是「和當事人一起思考」。

我會和面臨課題的當事人，或是目標對象一起思考解決方案的內容。這麼做正是為了避免自以為是。

●避免自以為是

自以為是的意思，指的是「不考慮他人，擅自進行自己認為好的事情」。

雖然舉辦了活動，但沒能得到關注，聚集人群的情況也不如預期。雖然舉辦了研討會，但問卷調查的滿意度並不高。在過去曾努力的事情中，我當然也有過類似這樣的經驗。

回顧這些經驗，大部分都是自以為是所造成的。因為我光憑著**自己的固執己見**去思考活動內容。

明明是出於善意而開始的事情，卻因為自以為是而離題；明明是為了讓對方開心才做的事，卻得不到關注。

若是好不容易才具體成形的努力變成這樣，肯定會大受打擊吧。

要預防這種狀況，最有效的方法就是「和當事人一起思考」。

● 了解對方關心什麼或有什麼優勢

藉由和當事人一起思考，可以得到許多好處。

像是了解「對方關心什麼或有什麼優勢」。

思考解決方案時，最讓人擔心的正是「這個提案能讓對方滿意嗎？能滿足對方的期待嗎？」。

要減少這層擔憂，最有效的方法就是直接聆聽對方的意見，然後一起思考內容。

例如想在東京舉辦以栃木縣出身者為對象的活動。

思考活動內容時，我和好幾位栃木縣同鄉成為夥伴，共同進行活動企劃。同鄉人最在意故鄉的什麼地方呢？最想知道什麼資訊呢？若以故鄉為主題進行團康活動，有沒有什麼好點子呢？

我們一起思考這些問題，提高滿意度。

舉辦以高中生為目標對象的研討會時也是一樣。我們和身為當事人的高中生一起企劃活動。

有什麼是能讓高中生樂在其中的方式呢？觸動高中生心弦的關鍵字是什麼呢？該用什麼媒體宣傳效果最好呢？

我們一起思考這些問題，並將想法化為行動，實際執行，最後成功讓研討會盛況空前。

和目標對象一起思考內容，可以得到自己無法想到的資訊或點子。

也可以在聆聽當事人的意見時，理解他對課題的感受。

這樣既能避免自以為是，也能提升成果品質。

● 與當事人合作

與當事人一起思考，能夠讓當事人成為「合作者」，而這也是一大好處。

舉辦研討會或活動時，一起思考內容的人們，經常會在當天承攬協辦工作，協助搭建會場或接待來賓等任務。

此外，宣傳方面也經常會由他們協助。

人們會對反映自身意見的事物產生責任感。

因此，他們會主動利用社群網路傳播資訊，或是呼朋引伴，藉此**成功召集眾人**。

如果你正因為無法聚眾而感到煩惱，請邀約幾位當事人合作，與他人一起思考活動內容。

不要將目標對象或受眾當作客人對待，而是要讓他們共同參與企劃工作，一起思考內容。

此舉亦能為當事人創造樂趣與存在價值。

● 讓當事人成為課題的解決者

與當事人一起思考，還有個優點是「讓當事人成為課題的解決者」。

我們可以和面臨困難或煩惱的當事人對話，尋找原因。

然後思考解決方案。

找到解決方案後，嘗試找出能夠簡單執行的一小步。

這時，當事人的心中開始會有「親自嘗試」的念頭萌芽。

被別人強迫去做的事，無論如何都會讓人感到抗拒，心中多少有些不舒服的感覺。即使那是正確的解決方案，也很難讓人想要主動出擊。

要引導至行動，需要當事人自己有所覺察。讓他們自己思考該怎麼做才好，親身經歷決斷的過程。

「若能提出良好的改善方案，人們所面臨的課題肯定就能迎刃而解。」

以前的我是這麼想的。

可是，經過好幾次失敗後，我才發現那只是我的自以為。

身為第三者的我，並無法成為課題

的解決者。

只有當事人自己能夠真正解決問題。

而我能做的，是創造對方思考或察覺的機會。

傳達提示，擔任讓對方開始行動的支援角色。現在的我是這麼認為的。

然後盡可能地創造和當事人一起思考的機會。

提示 20 與當事人一起思考，提升品質與魅力。

用乘法的方式構思

「乘法」是提煉獨特構思的訣竅之一。

所謂的「乘法」，指的是**將不同的資訊相互組合的構思方法。**

以下介紹三個我經常使用乘法方式進行構思的例子。

●對方感興趣的事或慾望

希望別人對自己正在進行的努力感興趣。

這麼想的時候，可以著眼於「目標對象感興趣的事或慾望」，進行乘法。

就像我們經常會在店面看見動畫作品與商品的聯名合作，例如飲料或零食的包裝上畫著鬼滅之刃的角色之類的。

這也是將「對方感興趣的事或慾望」相乘的常見事例。

這麼做可以聚集目標對象關注或感興趣的事物，有增強情感的效果。

對方對什麼樣的事物感興趣？若想了解這點，最好的方法就是傾聽對方。

為此，我會像剛才所介紹的一樣，努力製造和當事人一起思考的機會，尋找答案的提示。

「想和同鄉的知名人士見面。」

「希望品鑑各種當地的知名酒。」

過去，我曾從出身同鄉的人們口中得知這些聲音。而我將這些意見「相乘」，提高活動魅力。

● 成功的精華

將成功的精華相乘，指的是將順利進行的商業案例或活動事例作為參考，借鏡其成功關鍵的手法。

例如我們也可以從流行的線上遊戲中獲得許多精華。

像是扭蛋機帶給人的興奮感。

透過加入競爭元素，刺激人類心理「不服輸」的機制。

還有藉由團隊比賽的形式，促進團隊內部討論、活化溝通等等。舉例來說，若是工作坊採納以上這些元素，就能創造出極具樂趣與活力的氣氛。

自己擅長或做得好的事情，也是重要的成功事例之一。希望在投入的工作中，展現自己的個性。當你這麼想的時候，請務必參考第二章思考過的「用來發掘自我的提問」，嘗試將其相乘。這肯定會成為反映你的魅力，讓你的想法具備獨特性的絕佳方式。

●不同人的需求

這是將不同人所面對的課題或需求，進行相乘並打造企劃的手法。A正面對某項課題，而這個課題可以由B解決。B也有著他的課題，而他的課題正好可以由A解決。找出這樣的雙方，製造彼此相遇的機會，就能夠導向雙贏的局面。這就是將「不同人的需求」相乘。

為了讓大家具體明白，我想以過去投入過的事例作為範例進行說明，藉以解說這個乘法的意義。

2011年3月，東日本發生大地震。幾天後，東京首都圈的超市和便利商店都沒有食物了。有的地區不僅斷電，就連自來水也停止供應。

包括我在內的許多都市居民，都對被封閉在都市裡的生活感到不安。而我希望和居住在首都以外地方的人建立關係，萬一發生什麼事時，才有可以依靠的人或地方。

這個「住在首都圈的人」是A。

另一方面，若將目光投向首都以外的地方，會發現許多問題堆積如山。年輕人離開家鄉，向都市流動，少子化與高齡化越來越嚴峻；因為工作機會少，地方資金有所不足。

在這樣的情況下，為了創造地方的活力，有位地方領袖開始進行活動，希望增加交流人口。

這位「地方領袖」就是B。

A希望與地方建立關係；而B則是想為地方引進活力，增加交流人口。B擁有A想要的；而A擁有B想要的。

如果能為雙方牽線，對他們彼此來說，應該都能擁有更好的生活。由此想法而生，我所發起的企劃就是「連結都市與鄉下．家鄉專案」。

成立時間是2011年12月。透過每月舉辦一次活動或旅遊，連結住在首都圈的人們與地方的領袖。

這個活動經常額滿。藉由這個方式，A與B之間也建立了許多新關係。

從此以後，我在創建企劃時，就會特別注意將「不同人的需求」相乘。具體來說例如：

·連結「住在東京的同鄉人」與「故鄉的活動發起人」的活動（栃木DAY@東京）

·連結「災區領袖」與「社會創業家」的活動（創造陸前高田未來的對話）

·連結「國高中生」與「廣告公司員工」的教育計畫（H-CAMP）

……等等，都是以乘法思考為前提進行發想的事例。

關鍵在於**「每個人都既是課題的擁有者，也是解決者」**。

人人都有想解決的課題。

同時，人人也都可能是解決某人所面臨的課題的不二人選。

我們能夠理解他人的課題或需求，將其與某種不同的需求相乘，創造出彼此都開心的局面嗎？我們能夠藉由引發新的化學變化，來解決眼下的問題嗎？

思考這些事情，就是將「不同人的需求」相乘的妙趣。

提示21

以乘法的方式進行發想，嘗試將努力琢磨至獨樹一幟。

打造「三贏局面」的企劃

想提高企劃的吸引力時，我會想盡辦法讓其是能創造「三贏局面」的。所謂的三贏局面，正是日本近江商人在做生意時最為注重的核心理念。「對買家是好的；對賣家也是好的；對世界和社會也有意義。要用心做這樣的生意。」

三贏局面指的是這種思考方式。

要打造讓所有相關人員都受益，並能解決各自課題的企劃。

以「三贏局面」的想法作為提示，特別留意這點。剛才介紹的將「不同人的需求」相乘，也是意識到這一點的手法之一。

● 打造三贏局面的意義

努力達成「三贏局面」，會發生很多好事。

首先是更容易得到別人給予**「這個企劃很好」**的感想，進而團結合作者和支持者。

要讓大型企劃具體成形，合作者是不可或缺的。

如果是研討會或活動，就要有人擔任嘉賓或講師。而且也要有人負責租借場所、協助宣傳等等工作。

打造三贏局面，就能更容易獲得這些合作。

此外，這樣的努力也會增加粉絲。

這將會是一項獨特，且對每位參與者都有好處的行動，能為世人帶來笑容。因為感受到這個活動的意義，進而出現「支持」、「贊同」的人。

累積像是這樣的粉絲，若是舉辦研討會，他們會成為參加者；在商業上，則會成為顧客或會員。

● 打造三贏局面的訣竅

若想打造符合三贏局面的企劃，最重要的是「需求」。

我們應該基於需求投入行動，而非強推提案者自己想做的事。**企劃應該是為了某人的思想或願望而存在。**

在理解這個思想與願望的同時，考慮各自的好處。

因此我會盡量傾聽相關人員的聲音，努力尋找需求和好處。

你現在正在思考的措施，真的會讓別人為此說聲「謝謝」嗎？

是否只是自以為是或強加於人呢？

我們要在確認這點的同時，努力琢磨內容。

此外，制定企劃時，盡量簡化設計也很重要。

我會留意用三方，也就是用「A、B、自己（自己人）」的三個角度來進行思考。

但是要是還有C、D等其他關係人士，相關的人過多，就很難顧全大局。

如果試圖考慮過多方面，反而很難聚焦於單一目標。而這也會導致難以向他人說明企劃的主旨。

順帶一提，有關三贏局面的三者，我認為可以嘗試設計成和近江商人一樣

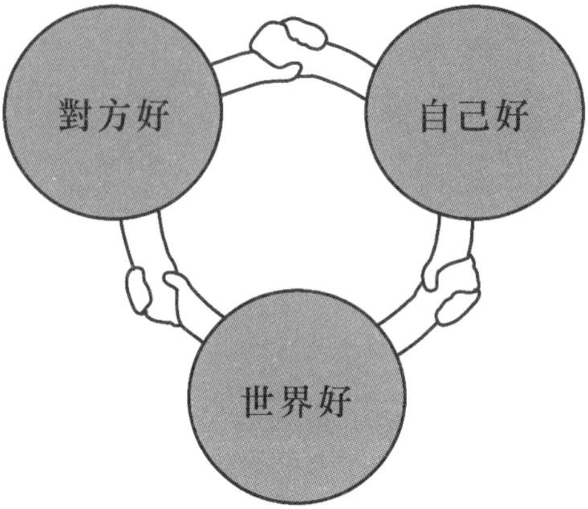

的「對方、自己、世界和社會」。

對自己所居住的地區也有意義，同時還能考慮到環境問題。

我們可以試著加入這些要素，嘗試擬定企劃。

別忘了考慮自己的利益

在設法達成三贏局面時，考慮「對自己或自己人的好處」也很重要。

因為我們自己也是「相關人員」的一部分。

「投入這件事，對自己或自己人有怎樣的好處呢？」

要是不先考慮這點，之後肯定會每況愈下，在過程中漸漸搞不清楚投入的意義何在，因而降低動力。

不要犧牲自己人。

要做對自己有意義的事。

這也是在制定三贏局面的企劃時，我非常重視的一點。

所謂的「對自己或自己人的好處」，具體來說應該考慮什麼呢？

這裡以剛才介紹的「家鄉專案」為例，提供大家參考。

家鄉專案是連結住在首都圈的人們與地方領袖的活動。

為了遇見這些地方領袖，我和同伴前往地方與社區好幾次。

我們認識了許多具有個人魅力的人士，與各種地區建立了關係。

活動繼續越多次，美妙的相遇就越多，關係與人脈逐漸擴大。這種相遇成為我們珍貴的財產。

還有一種東西是我們透過活動所獲得的。

那就是經驗。

我們逐漸習得舉辦研討會和活動的知識技能。

例如如何進行宣傳、怎麼佈置會場、時間分配方式、如何營造開場氣氛等等。

隨著活動次數增加，我們越來越有實務經驗，技能和知識的存量也不斷擴展。

當時的經驗，對現在的我們而言可說是大有幫助。

提示 22

為了增加合作者與支持者，要用心做到三方好。

先從手邊現有資源著手

我從事企劃工作已經超過三十年。

思考企劃時，我的心中會有一種類似「組積木」的感覺。

我不會下廚，但這或許也類似「烹飪」。

● 組積木的感覺

組積木時，最重要的是要先有大致的方向概念。

是想要蓋房子，還是建造交通工具？首先要有個模糊的概念，決定「我想做這樣的東西」。

烹飪也是一樣，我們總不會憑空做菜，對吧？

起碼會先想好要做西餐還是日本料理，有個大概的形象。

問題在於，無論想製作多麼厲害的東西，如果手邊沒有材料或是零件，就無法實現。

如果手邊只有五塊積木，我們就必須用那五塊做出作品。

如果只有三角形的積木，就必須設法有效利用三角形。

如果我們只有一塊積木，那就必須改從蒐集積木開始。

烹飪也是一樣。如果冰箱裡面只有少量食材，就必須思考能用這些做出什麼料理。

思考企劃也是。

● 根據現有材料制定企劃

將焦點放在感興趣的主題，在大方向上確定「我想嘗試投入這件事」，這對制定企劃來說非常重要。

要讓企劃具體成形，就要以自己現有的材料或零件為基礎。

如果只有少量材料，就必須想方設法湊合使用這些資源。

如果零件的形狀有限，那就想方設法活用。

如果沒有任何可以使用的材料，那就必須從獲得材料開始。
剛才介紹過「將『不同人的需求』相乘」與「三贏局面」等手法。
說實在話，這些都是難度稍微偏高的手法。
因為要將需求相乘，前提是必須多去了解不同人的需求。
不必勉強自己投入覺得困難的事情。
先嘗試從自己能夠做到的小事開始。
不必勉強，先試著從理所當然能夠辦到的事情開始。這才是本書所想傳達的最重要訊息。

● 在製作成形的同時蒐集材料

重要的是別貪心，先以「現有材料」開始。
即使規模小又簡單也沒關係，先試著完成作品。
經過嘗試，你會越來越清楚組建的訣竅，同時發現不足的材料。
下次組裝時，就能一邊補充材料，一邊完成高難度的作品。
每次創作，自己都能確實獲得更多經驗與技能知識。

同伴和支持者也會越來越多，技術與知識逐步成熟。

不必焦急，請全神貫注於「自己現在能做的事」，並嘗試投入其中。這就是創造迷人且具備個人風格計畫的訣竅。

提示23

有效利用手邊現有資源，讓計畫具體成形。

第4章

如何將想做的事規劃成構想筆記

製作構想筆記的意義

第三章介紹了弄清楚想做的事的意義，並將想法琢磨得更吸引人的觀點與手法。

如果你已經對自己準備投入的計畫有了大致形象，那請務必嘗試製作「構想筆記」。所謂的構想筆記，就是**「統整投入計畫的重點，寫成類似企劃書的東西」**。

張數以一到兩張為大概標準。

嘗試將自己的想法化為文字，簡單歸納在紙上。

這會是讓想做的事具體成形的一大助力。

我曾在各地舉辦過五十場以上「讓想做的事向前推進的企劃書講座」。

參加者多半都是從沒寫過構想筆記或企劃書的人。

即使是這樣毫無經驗的人，只要來聽講，也能學會如何將想法統整得容易理解。而第四章就是要傳授大家這些訣竅，介紹「將想做的事規劃成簡單易懂的構想筆記」的方法。

首先，我想先說明「製作構想筆記的意義」。

● 整理腦中想法

「我沒辦法順利地向他人說明自己想投入的計畫或想法。」

這是想將事情向前推展時，常會遇到的一大課題。

難以向人說明想法的原因，主要有兩個。

一個是無法以言語表達；另一個則是沒有歸納重點。

要將自己腦海中所浮現的事物形象傳達給別人，就必須將其化為「語言」。

除此之外，內容也必須歸納成對方容易理解的重點才行。

在尚未組織好腦中想法的狀態下，就要向他人傳達想法時，我們很容易會說得過於冗長。冗長的話題會導致主旨在過程中變得模糊不清，因此難以傳達理念。

為此，我們需要製作構想筆記，在說話之前，先整理好自己的想法。

● 能夠有所覺悟

製作構想筆記時，會需要在腦海中多次想像希望成形的事物。希望實現的事物形象會逐漸清晰，自己也會更明確地知道為什麼要投入這件事，以及背後的原因和目的。

於是心中自然湧現「我想去做！」的想法。

「希望讓想法具體成形」，在心中萌生這樣的決心。

這種決心會轉變為覺悟，逐漸成為行動的能量。這也是製作構想筆記的重要意義之一。

● 向對方傳達自己的認真程度

請試著想像以下情景。

假設你的家人突然給你看他的構想筆記，說明他想做的事情。

你會先感到訝異吧？

如果他還表達地非常完整，也歸納整理好重點，「這不僅是一時興起的想法，而是經過深思熟慮的結果。」，我想你會有這種感覺。有了構想筆記，說明時就能**向對方傳達你的真心誠意**。對方聆聽的方式也會隨之改變。

這對於找到能夠理解的人，或是增加同伴和合作者非常有效。

讓構想能夠透過他人傳播出去

「這份資料可以分享給我嗎？我想和可能有興趣的朋友討論看看。」當我將構想筆記給其他人看，並傳達自己的想法時，經常有人這麼說。然後我就會把資料以紙本或是電子郵件寄送的方式分享給對方。

接著，對方會和其他人一起共享這份筆記。

這是將想法歸納在紙上後才能辦到的事。只靠口頭述說，是沒辦法讓他人代為傳播的。

● 製作構想筆記時，也別忘了先嘗試從小處開始

製作構想筆記的重點也是「先嘗試從小處開始」。

我們無法突然就寫出完美的構想筆記。

構想筆記本來就是不完美的。畢竟這是需要持續修正或更新的東西。

首先請在能力範圍內打造基礎。

基礎方案完成後，拿給別人看看並向對方傳達自己的想法。

之後再根據意見加以修正。如果有什麼靈感，請試著補充寫上相關資訊。

此外，也可以嘗試加上更容易讓自己能在腦中產生形象的圖畫或者照片。

不斷進行修訂，逐步提升精密度，成就構想筆記。

提示 24

製作「構想筆記」，將自己的想法化為文字，並統整出重點。

STEP1 把腦中的資訊化成文字

坐在電腦前想寫企劃書或構想筆記時，卻發現自己沒辦法將想法順利輸出。你也有過這樣的經驗嗎？

寫不出來的最大原因，可能是你同時想做太多事了。

要製作統整想法的資料，會需要經過很多步驟。

將腦中浮現的形象化成語言。

按照每個要素整理資訊。

統整內容或是聚焦重點。

……等等。要一口氣把這些事做完，會讓作業過程變得複雜，導致思考或雙手停滯不前。

面對複雜又困難的課題時，重點應該放在「分解成可能解決的簡單問題」。

編寫構想筆記時也是一樣。如果作業過程複雜又困難，就先分解為簡單微小的形式。

這邊會將分解過程整理為五個步驟，提供各位書寫構想筆記的訣竅。

●將腦中的想法以文字輸出

製作構想筆記時，首先要做的就是「文字化」。

將腦中的資訊或形象，以文字形式輸出。

「我寫不出構想筆記。」

如果出現這種想法，就先暫時停止製作構想筆記。

然後集中心力於**「將腦中的想法以文字輸出」**的作業。

若要組建積木，首先需要蒐集配件和零件；若想下廚，也需要先備齊材料，對吧？

製作構想筆記也是一樣。

文字相當於製作構想筆記的零件材料，我們要先從腦中取出這些材料，準備齊全。先以文字形式，讓想法「可視化」。

請先嘗試投入這項作業。

在紙上隨意書寫

想將腦中的資訊以文字取出。

這種時候，我主要會用「手寫」的方式進行。因為比起用鍵盤打字，手寫更能迅速地將思考文字化。（當然要使用鍵盤也ＯＫ）

此外，手寫還有能夠自由描繪箭頭、塗鴉、劃記等等好處。

紙張則建議使用Ａ４尺寸的白紙。

進行方式即是在紙上大量寫出腦中的資訊。

內容沒有條理也沒關係。無需在意順序，想到什麼就寫什麼。

比起寫成長文，我更建議用條列方式書寫。

這樣不僅可以化為文字，更不會受到正確文章寫法的拘束。

將腦海中浮現的東西，以隨意紀錄的心態，寫成文字，大量輸出在紙上。

首先只要集中心力在這件事上。

想到別的再補寫

將腦中資訊以文字形式輸出的作業很難一次完成。

有時，想法或語言無法如預期般順利浮現。

這種時候就先放著不管也沒關係。

我通常會去散步，或是喝杯茶轉換心情。

然後就會想起重要的事，或是產生靈感。想到什麼的話，請務必趁著還沒忘記時，寫在紙上補註。

活用手機或電腦的「語音輸入功能」

手邊沒有紙筆時，我常會運用手機的「語音輸入功能」。

如果使用iPhone，就啟動「備忘錄APP」，點擊左下的麥克風按鈕。

只要對著麥克風說話，就會自動輸出成文字，非常方便。

「說話比寫字更能輕易地將想法化成文字。」

有這樣的想法時，也可以活用這個語音輸入功能。

若是正在使用電腦，我會開啟Google文件。

首先從Google的應用程式清單中，啟動「文件」。然後開啟新檔，從上方的「工具」選單中，點選「語音輸入」。

接著左邊會出現麥克風的按鈕，按下按鈕對電腦說話，你所說的內容就會化為文字，顯示在文件畫面上。

除了這次介紹的做法之外，還有許多語音輸入的方法。請各位根據使用的設備，嘗試不同的做法。

提示25

先將腦中的資訊以「文字」形式輸出。

STEP2 分類元素，深入思考

將腦中的資訊化為文字寫出來以後，再將情報以三種元素分類整理。然後依照每種元素深入思考。

這三種元素就是**①WHY、②WHAT、③HOW**。

WHY是「為什麼」。

整理希望執行的事情的「原因或背景」，並深入思考。

WHAT則是「做什麼」。

整理有關「對誰做、誰去做、做什麼」的想法。

HOW是「怎麼做」。

具體上希望怎麼實現呢？詳細想像實現方法，讓構思更清晰。

●將想法分類整理

在我擔任講師的講座中，會教導學員們按照每個元素，分別在不同紙張上整理資訊。

我們會先準備三張紙，分別寫上「WHY」、「WHAT」、「HOW」。然後把紙當作「容器」，將寫出來的事情，各自分配到符合的容器當中。以條列方式書寫，並且別太拘泥於統整歸納，先專注於分配作業即可。這個「資訊分類」的作業，也可以使用電腦執行。使用像是Word等軟體，以新增文件的方式準備三頁空白頁，並將資訊轉記上去。

將步驟1所寫下的內容分類完成後，再按照各項元素深入思考。此時該用什麼樣的觀點加以思考才好呢？以下介紹我所認為的訣竅，提供各位參考。

①WHY（原因或背景）

・具體的小故事

你有沒有什麼讓你想投入這件事的具體故事呢？

作為背景的小故事是打動人心的強大資訊，能讓聽者感到信服。

可以是你的親身經驗，也可以是從別人那邊聽來的故事。

·「有其緣由」的事

第三章我們思考過「『有其緣由』的事」。

這也是可以為你所說的話帶來「共鳴或驚訝」的強大資訊。

「其實那時候我很懊悔……」、「其實這是我長年以來的夢想……」等等。

仔細摸索出這些事件，想到什麼就先寫下來。

·如果不做這件事，可能會發生的壞事

若是現在的狀況持續下去，會對未來感到不安。

情況遲遲沒有改變的話，會有哪些不便。

寫下讓你想改變現狀的原因。

·Before與After（現狀與希望打造的未來）

第三章曾經介紹過「思前想後」的手法。

現在的狀況是什麼樣呢？而你希望未來變成什麼樣呢？

這也是要補充寫在「ＷＨＹ」的資訊。

特別是After的部分，是攸關目的的重要資訊。

②WHAT（對誰做、誰去做、做什麼）

這一頁主要是填寫「對誰做、誰去做、做什麼」的內容。

「對誰做」，指的是對象或目標受眾。

「誰去做」，指的或許是你，也或許是第三者。

對誰做、誰去做、做什麼，還有你在此之中所擔任的角色，請簡單整理這些內容，並試著寫下來。

以下所述為例：

- 對象是住在同公寓的人們、由我來進行、辦理料理教室。
- 對象是不願上學的孩子們、由我和NPO合作、打造新的學習空間。
- 對象是以創業為目標的人、由創業者們擔任講師、舉行讀書會。我負責管理營運。

盡可能地簡短表達，但如果想寫成長文也沒關係。過段時間回頭確認時，可能就會找到更淺顯易懂的表達方式，也可以透過步驟3的作業流程，再次統整想法。

另外，我建議各位在「ＷＨＡＴ」這頁補充寫上兩件事。

第一件事是有關「對誰」，也就是對象或目標受眾的詳細資訊。對方主要是男性或女性，大概的年齡層或年級。對方住的地區、面臨的課題或需求等等。希望大家可以試著設想這些資訊，盡可能地詳細寫出。

另一個則是相關人員的好處。

這個措施對相關人員有什麼樣的優點或好處？即使只是基礎概念也沒關係，請把自己所能想到的都寫下來。

下頁提供我在講座中使用的工作表格，請各位讀者參考看看（圖５）。

可以用填寫空白欄位的方式，整理出你的想法。

【圖5】

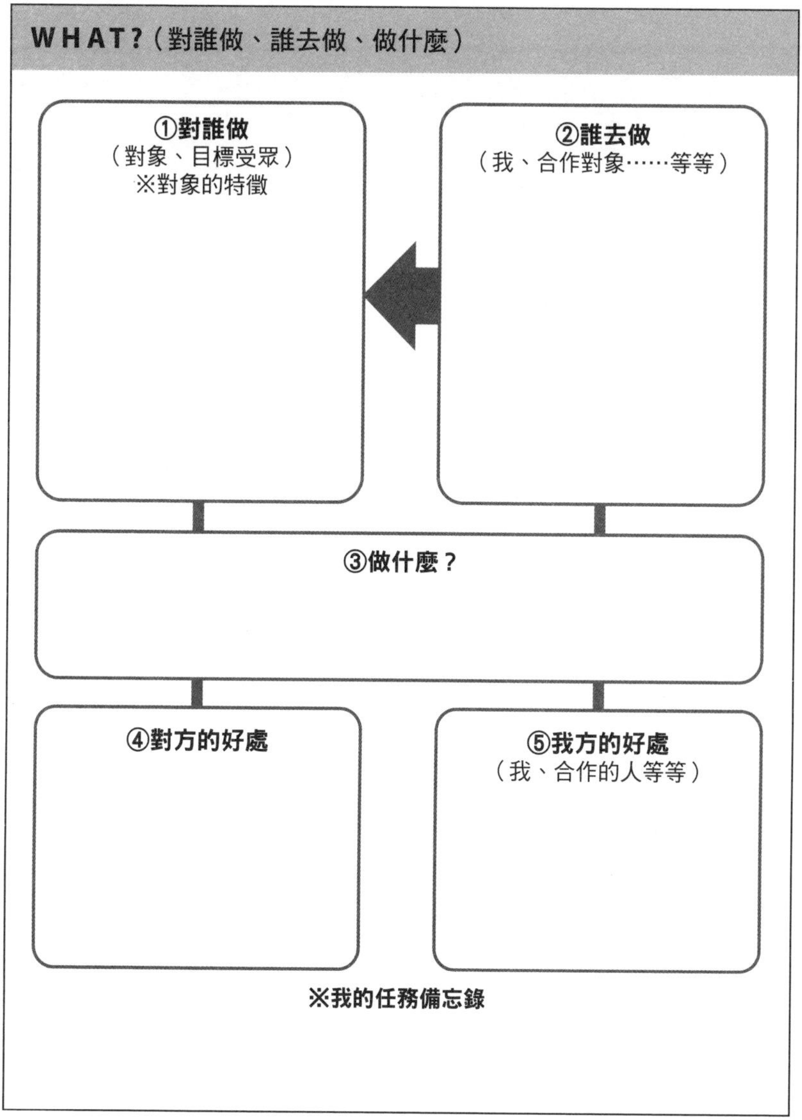
WHAT?（對誰做、誰去做、做什麼）
①對誰做
（對象、目標受眾）
※對象的特徵
②誰去做
（我、合作對象……等等）
③做什麼？
④對方的好處
⑤我方的好處
（我、合作的人等等）
※我的任務備忘錄

③HOW（怎麼做）

這一頁要把「WHAT」的措施該如何具體實現的構想寫出來。要讓構想具體化，請意識到以下元素，較容易浮現具體形象。

・When（何時）：實施日期、時間和時長等資訊。
・Where（何地）：地點或使用的媒介等資訊。
・Who（何人）：主辦單位或主辦者等資訊。
・主題或內容：具體的主題或標題等資訊。
・其他具體資訊：嘉賓候選名單、參加費用、宣傳方法等等。

內容範例如下所示。

・When（何時）：兩個月後的星期天，自晚上7點起，總共兩個小時。
・Where（何地）：線上舉辦，使用ZOOM。
・Who（何人）：由我和朋友S共同主辦。
・主題或內容：高中的線上同學會。閒聊並談談各自面臨到的困境或需求等話題。
・其他具體資訊：這次先當作測試，以小規模方式舉行。免費參加。

像是這樣，先在已經構想完成的範圍內，寫出目前的計畫。

● **寫下有關的「課題」**

只要有具體實現的形象，就會明白接下來必須做的決定和課題。此時可以新增一頁「課題」專用頁面，以條列式寫出有關課題的資訊。

還沒想到解決的辦法也沒關係。

我們要先對課題有所認知。這一頁的功能即是先寫下備忘錄，以免忘記。

提示26

用WHY、WHAT、HOW三種元素整理資訊。

STEP3 找人商量，琢磨內容

步驟1和步驟2介紹了將想法輸出成文字，以及按照元素整理的技法。

接著我們要統整這些內容，將焦點放在重要的資訊上，琢磨用字遣詞。

統整想法非常困難，如果只是看著文字獨自煩惱，可能會因為無法順利歸納而陷入僵局。

因此我建議在統整想法時「找人商量」。

●找人商量，獲得回饋

我們可以參考步驟2整理好的事項，找人商量自己的想法。

對象可以選擇身邊親近的人。

談話的順序則建議是WHY、WHAT、HOW。

因為ＷＨＹ當中，包含最多對方會有興趣的情報，例如「具體的小故事」，或是「『有其緣由』的事」等等。

如果你覺得從結論開始，可以說得比較順暢，那從ＷＨＡＴ開始談論也沒關係。

傳達自己的想法後，請注意要保留對話的時間。

不僅輸出自己的想法，也要獲得對方的回饋。

具體來說就像：

・關於ＷＨＹ的內容，對方認為有沒有什麼能讓人引起共鳴，或覺得「原來如此」的事情？

・關於ＷＨＡＴ（對誰做、誰去做、做什麼）的部分，對方能否理解具體是要做些什麼？

・關於ＨＯＷ的內容，對方有沒有想到什麼別的點子？

確認上述事項。

得到回饋以後，再修正寫在紙上的內容。

「書寫↓談話↓得到回饋↓修正」

理解。

經過這些階段，我們就能基於別人的觀點，將原先的想法整理得更加容易

●談話並琢磨內容的優點

這邊介紹三個「談話並琢磨內容」的優點。

①可以察覺自己的想法

傳達想法給別人時，會發現有相對容易開口和難以啟齒的部分。

打從心底這麼想的內容通常比較容易開口；而難以啟齒的地方，則表示雖然嘗試寫了出來，但卻還不太有自信。

透過告訴別人，獲得察覺「自己的真心話」和「資訊的重要程度」的機會。

②可以發現打動對方的強大資訊

在自己所思考的資訊當中，哪個才是能夠打動對方心弦的呢？

透過告訴別人，可以確認這件事。

「邏輯與情感」，要想打動人心，就必須兼具此兩者。

所謂的邏輯，指的是展現原因或根據，提高信服程度的資訊。

所謂的情感，則是能夠震撼對方心靈或感情的資訊。

透過聽取別人的意見，我們可以得知自己的想法當中，有無這類強大的資訊與內容。

③可以找出關鍵字

將自己想傳達的事情，轉化為準確的關鍵字。

這是光憑自己很難辦到的事。

俯瞰想做的事，並以易懂的語言貼切表達。其實，這對於聆聽的第三者來說會更容易辦到。

傳達想法之後，請向對方確認他的腦中浮現出什麼樣的意象。他能夠理解你主要想做什麼嗎？試著聆聽對方的回饋。

對方說出的話語中，或許就包含了掌握本質的關鍵字。

●重視營造悠閒氣氛

和人說話時，請務必重視營造自在、類似閒聊的氣氛。

向別人訴說自己的想法，是件非常緊張的事。

拘謹的氣氛會讓人無法隨心所欲地把話說出口。

這種情況對對方來說也是一樣。

即使他心中有些感想或意見，若是氣氛嚴肅，他就會對你有所顧慮，覺得只能說些不得罪人的話。這樣一來，和人談話的效果就減半了。

營造類似悠閒氣氛的訣竅是，**先從閒聊開始**。

互相談談近況，用坦然自若的話題營造談笑風生的氛圍。

然後在氣氛變得和諧後，進入主題。

在某種程度上得到對方的意見後，我認為也可以將話題發展至「構想會議」，也就是該怎麼讓這件事變得更有魅力。

嘗試以此為話題，進行愉快的作戰會議。透過這段時間的談話，對方說不定會成為你的「同伴」。

提示 27

和人對話、統整想法，尋找重要的關鍵字。

STEP4 縮小資訊，打造設計圖

經過目前為止的步驟，我們已經蒐集到許多有關投入事項的資訊，匯集到用來製作構想筆記的零件。

接著要做的就是打造設計圖。

思考該使用哪個零件、依照什麼順序搭建。

● 設計圖會成為導航

第一次挑戰組模型時，若是沒有設計圖的話，多少都會感到不安，對吧？

下廚時，如果有食譜就可以放心烹調。

製作構想筆記也是一樣。

將資訊統整成構想筆記時，我們要先打造作為導航的設計圖。

綜觀大局，掌握內容的同時，思考主體結構。揀選資訊、考慮順序，並組成架構。之後就能看著設計圖，正式開始謄寫企劃。

這就是製作構想筆記時，不在過程中迷路的訣竅。

● 聚焦資訊

為了讓內容淺顯易懂，我們必須聚焦資訊的範圍。

要是將所有蒐集到的資訊都填進構想筆記中，資訊量太多，就會難以釐清主旨何在。

而且在說明時，也很容易讓聽者陷入混亂。

「希望對方確實理解自己的想法，因此將大量資訊寫入構想筆記。」——當然我也能夠理解這樣的想法。

只是有件事，希望讀者能夠理解並放在心上。

那就是**能夠留在人們心中的資訊，頂多只有兩三項**。

即使你花很長的時間傳達自己的想法，會在對方腦中留下印象的也只有幾個而已。

既然如此，就該更仔細地選擇你要用這兩三項資訊做什麼，並嚴選用來加強印象的輔助資訊。

這麼一來，就能發現讓他人更容易理解主旨的「傳達資料」。

● 打造設計圖的方法

打造設計圖時，建議使用Word之類的文書處理軟體。

將重要的資訊或關鍵字用條列的方式，思考結構並寫出來。

以下介紹構想筆記的條目。

①標題

將希望投入的內容本質，以容易理解的語言寫成標題。以之後還會再修正作為前提，先嘗試寫下暫定標題。

②原因或背景

寫出想投入此工作的主要原因或背景。可以參考寫在「ＷＨＹ」的內容，挑出相對重要的事情，以條列方式列出。請避免資訊量過多，以四條內為大致標準。

③目的

以條列式寫出投入此工作希望達成的目標。用淺顯易懂的文字表達「誰希望達成什麼狀態」。

可以參考「ＷＨＹ」的After。

④投入的主題或概要

為了達成目的，寫出「對誰做、誰去做、做什麼」等等的概要資訊。

可以參考「ＷＨＡＴ」整理過的資訊。

⑤具體的活動內容（投入的努力）

要如何讓④所寫的概要具體成形呢？針對這個問題寫出構思。哪個主體、在何時、什麼地方、對哪些人、以什麼樣的方式進行等等。主要記載的這些內容，可以參考寫在「ＨＯＷ」的事項。

⑥要實現的課題

使企劃具體成形時的主要課題，同樣以條列式寫出。可以參考「課題」頁面所寫的內容。

以上就是用約一到兩張紙，設想構想筆記的條目，並整理出設計圖的方式。

如果希望在一開始就先傳達概要或主旨，也可以調換順序，將「④投入的主題或概要」移至「①標題」後面。

提示28　正式謄寫之前，打造整理好資訊的「設計圖」。

STEP5 正式編寫構想筆記

經過前面幾個步驟後，我們終於要開始謄寫構想筆記了。我們已經將資訊化為文字，也把該寫的項目和順序都弄清楚了，我想應該不必太過費力就能完成。

最後這個步驟將告訴各位謄寫時該留心的注意事項。

● 編寫時的五個注意事項

»縮短文章

為了讓文章簡潔好讀，請注意書寫時縮短內容。一篇文章的字數，以四十字以內為基準。

同時注意一篇文章只傳達一個訊息。

如果有兩個重點，請嘗試分成兩篇文章。只要意識到這點，每篇文章的長度就會縮短。

寫好以後出聲朗讀，也是縮短文章的訣竅。讀出聲音比較容易發現冗長或資訊量過多的地方。

注意寫成條列式

若想簡單易懂地傳達資訊，寫成條列式是非常有效的方法。

特別是資訊量較多的「原因或背景」，我認為寫成條列式比較好。

「課題」也很適合寫成條列式，更容易整理得簡潔有力。

關鍵字要醒目

文中如果有重要的關鍵字，可以用粗體字或加入底線、引號等等方式，讓重點變得醒目。

這麼做可以讓關鍵字立刻映入眼簾，看著構想筆記向他人進行講解時，節奏也會更加順暢。

插入照片或圖片

在理解資訊時，人的腦海中會浮現圖像或影像。

插入照片或圖片，有輔助理解的效果。

不管是在「原因或背景」的部分，還是「有其緣由」的資訊，這些內容如果有照片輔助，更能將概念正確且強而有力地傳達給對方。

此外，「對誰做、誰去做、做什麼」，以圖表方式說明也能加快理解。想讓照片或圖片以大尺寸顯示，放在「附件」上也是方法之一。

》小心資訊過多

編寫構想筆記時，請先以一張紙（最多兩張紙）為目標。

所謂的構想筆記，並非將蒐集到的資訊全部填入。

雖然前面構想階段曾提到要寫出大量資訊，但在正式開始編寫筆記時，請務必限縮在重要資訊，整理成簡單易懂的內容。這是製作構想筆記的基本。

● 製作多頁企劃書的訣竅

習慣製作構想筆記之後，或許你會想用Power Point之類的程式將內容製作成多頁的企劃書。

在此介紹相關的製作訣竅，提供各位參考。

編寫多頁企劃書時，基本的項目與構想筆記相同。①標題、②企劃的原因或背景、③目的、④企劃的主題或概要、⑥要實現的課題等等，各使用一頁說明。

為了讓人較容易留下印象，可以插入照片或圖片輔助。關於⑤具體的活動內容（投入的努力），請詳細列出「何時、在哪裡、哪個主體、對哪些人」的各個項目並介紹。

此外，根據企劃內容不同，也可能要加上「工作分配圖」、「日程方案」、「收支試算」等頁面。

需要編寫的資料頁數越多時，步驟4所介紹過的「打造設計圖」就顯得越重要。

第幾張要寫哪個項目、哪一頁要展示什麼資訊，請在組織好整體樣貌之後，再來處理細節作業。

這就是提高企劃書品質與作業效率的訣竅。

● 關於編寫完成之後

編寫完成的構想筆記，建議可以列印出來，放入透明文件夾隨身攜帶。如此一來，若有新的靈感，隨時都能做筆記。

此外，這麼做也是為了隨時可以向他人述說自己的想法或點子。第四章的開頭也曾提過，我們無法打從一開始就製作出完美的構想筆記。請先嘗試在能力範圍內打造基礎方案。從能做的事情開始，從小處跨出步伐。

製作構想筆記時，也請重視留意這點。

提示 29

參考設計圖，編寫構想筆記的基礎草稿。

「提案」之前要思考的事

使用構想筆記向某人「提案」時，有兩件事要先思考。那就是「對方的好處」和「最初的一步」。

我想在第四章的最後談談有關於這兩件事的想法。

●弄清楚提案的對象與內容

在思考「對方的好處」和「最初的一步」之前，我們要先弄清楚「提案的對象」與「提案的內容」。

向名人提案、在演討會中演講。

向市政府提案、希望擔任活動的主辦人。

向朋友提案、希望他成為同伴。

……等等，可以先在腦中想像這些具體意象。

思考「對方的好處」

弄清楚提案的對象和提案的內容後，就要思考對方的好處。

思考這點時，可以參考以下資訊。

．對方希望實現的事情；對方活動的目的。
．對方覺得是課題的事情；對方感到困擾，希望解決的事情。
．對方如果是企業等組織，也許會有關於KPI（關鍵績效指標）的目標。

可以先透過對方的網站或社群媒體做功課，也可以事前徵詢意見，盡量先對狀況有一定程度的掌握。然後站在對方的立場，將能夠想到的好處先寫出來。

如果是要拜託對方當講師的話，以下幾點或許也能算是好處。

．贈予微薄謝禮。
．可以和各式各樣的參加者建立關係。
．增加活動的實績。

……等等。我們必須實際和對方談論過後，才能確切明白對方覺得什麼才是好處。

不過還是要先站在對方的立場，事先考慮可能的好處。先準備好可以出示給對方的多張交涉卡片，正是提高提案成功機率的訣竅。

●思考「最初的一步」

就像第一章介紹過的，我重視的並非「從0到100」，而是「從0到1」。因此提案時，也要先傳達「最初的一步」。

必須是對方不會感到有負擔就能辦到的事；不花太多時間或金錢就能投入的事。

這需要站在對方的立場思考，並視對方的反應與其商量。

「如果不方便演講的話，可以請您在線上發表幾句評論嗎？」

「如果不方便擔任主辦者，可以在概要欄位以協辦身份列出您的大名嗎？」

「要不要先試著參加一次活動呢？之後再視情況決定是否加入我們，成為同伴。」

不管是對名人、對市政府、對朋友，都可以像這樣提出最初提案。然後漸漸創造微小的實績。

構想筆記是否需要包含「對方的好處」和「最初的一步」等資訊，我認為可以視對方或狀況而定。

即使沒有寫出這些內容，也要對你提案的對象懷著誠意，並確保已有思考過這些事情。

我認為這是希望得到成果的提案必須做好的準備。

提示30

提案時，要思考對對方的好處與最初的一步。

COLUMN 2

具體成形就像是RPG遊戲！

找到自己想做的事，並讓這件事情逐步實現。我過去已經有過數不清次數的相關經驗。

每次我都覺得，「所謂的具體成形，很像在玩RPG遊戲」。所謂的RPG就是「角色扮演」，像是勇者鬥惡龍和太空戰士等等，我也玩過許多RPG遊戲。

●目標無法立刻達成

在勇者鬥惡龍這款遊戲中，最終目標是「為了和平打倒魔王」。玩家化身勇者，為了達成目標而踏上旅程。

雖說是踏上旅程，但也不是一下子就能打倒魔王。

首先必須蒐集魔王在哪裡的情報。

不僅如此，為了打倒魔王，自己也必須經過訓練、變得強壯；玩家也需要強大的武器和同伴。

雖然目標很明確，但無法立刻達成。玩家要先尋找線索，還必須花時間培訓自己等等。

●與現實世界相同的事

遊戲剛開始時，要先從身邊蒐集情報。

為了蒐集情報，最快的方法是找人說話。冒險的旅程，就從找人說話開始。

在自己還不夠強大時，要先打倒較弱的敵人，累積經驗值和金錢。

從較弱的敵人得到的經驗值與金錢很少，但是如果不從這裡開始，就沒辦法變強，也無法向前邁進。

隨著遊戲進展，玩家會得到重要情報。很多時候，寶藏會躲在錯綜複雜的迷宮或洞窟中。

就在你覺得終於破解迷宮，必定大有收穫時，得到的卻只有往下個地方走的情報。這時會讓人覺得「天啊！虧我大費周章搞了這麼久」。

可是，在迷宮中的戰鬥也並非白費力氣。

正因為破解迷宮，才能得到往下前進的寶貴情報。

雖然乍看之下會覺得迂迴，但暮然回首卻會發現，這是不可或缺的寶貴經驗。

這些部分也是RPG遊戲的樂趣精髓，而現實世界亦有異曲同工之妙。

● **幫助人是獲得寶物的機會**

遊戲中也經常會需要「幫助別人」。

和傷腦筋的人搭話，聆聽對方遇到的問題，並且幫他解決。

解決之後，伴隨感謝的話語，有時還會得到重要的情報或物品。

我在現實世界當中，也經歷過不計其數與此類似的事情。

當自己能做的事情變多，就能作為某位傷腦筋的人的助力，而這也是獲得重要情資或者寶藏的機會。此外，這麼做也能促進自我成長。

我在遊戲與現實的兩個世界中，都學到了這樣的智慧。

● **「讓想法具體成形」本身就是場冒險**

以上皆是以RPG遊戲為比喻，講述如何用心讓想法具體成形。

而我們要重新認知的是，「讓想法具體成形」的行為本身就是場冒險。
踏入前途未卜的世界，尋找線索並一步步往前進。
為了克服障礙，我們需要反覆地試驗摸索。
過程中可能會遇到一起行動的同伴。
雖然也會有受傷倒下的時候，但從中可以學到許多東西。
只要繼續走下去，目標就在前方等著你。
讓想法具體成形的這場冒險，能夠帶來許多經驗。
不是因為誰的命令而去執行，而是按照自我意願的行動。我認為正因如此，才能創造出愉快的經驗。

第5章

打造團隊，努力投入

打造團隊的重要性

第五章將探討個人對於「打造團隊的訣竅」和「與同伴一起投入其中」的想法。

希望完成想做的事，或是希望繼續擴展活動時，團隊同伴非常重要。畢竟任何事情，只靠一個人的能力有限。

同伴是可以互相彌補對方不擅長的事，又能在狀況不好時互相支援的重要存在。

同伴能在灰心時，成為彼此的精神支柱。面臨困難時，有同伴在身邊才能一起努力。我也有過好幾次得到同伴幫助的經驗。

此外，有同伴也會拓展你的想法和視野。

一個人獨自思考，視野會變得狹隘，想法變得自以為是。這種時候，很需要可以和你共同集思廣益，以第三者的觀點陳述意見或感想的同伴。

以結果來說，這麼做能讓你的想法變得更有魅力，同時也能讓自己變得更有自信。

● 首先組織三人團隊

首先要做的是組隊。

先以兩人為目標，尋找同伴。也就是說，要組織成包含自己在內，總共三人的團隊。

即使希望舉辦大型活動，一開始也要以少數人為核心組織團隊。人數過多，就會很難調整集合時間，商量時也會冒出各式各樣的不同意見，難以整理歸納。

首先以少數人、確實溝通為目標。

建立核心團隊，確定整體方向。這個方向是繼續活動，或想擴大規模時的根基與中心。

另一方面，如果組織的是除了自己之外，只有一位同伴的兩人團隊，這樣也可能會遇到種種困難。

首先是意見分歧時，兩人之間的氣氛會變得很尷尬。

此外，因為注意力只放在單一對象上，無論如何都會很容易注意到對方不足的地方。這將是導致情緒焦躁或壓力的來源。

不僅僅是自己感到焦慮，對方也同樣會累積壓力。於是兩人之間就會漸漸減少對話，容易發生半途而廢的情況。

如果團隊有三個人，第三個人就能擔任調整或緩衝的角色。

自己的注意力也會因為分散在兩個人身上，而不會對特定對象施壓。這會讓團隊成員感覺較為舒適，也是創造活動樂趣和活力的原動力。

● 嘗試以小行動結交同伴

以小行動來結交同伴。

首先列出清單。

有沒有誰是能夠理解你的想法的呢？

有沒有人能夠支援你不擅長的事呢？

如果你有社群網路帳號，請試著確認「朋友」名單。或許會想起學生時代同班同學的臉龐。

在研討會和你意氣相投的人、最近腦海中時不時浮現的面孔等等，請試著將想到的名字寫下。

列出清單後，接下來就先試著挑選一個容易開口的對象，嘗試透過社群網路或電子郵件等方式進行約談。

先以找一個人說話為目標。

和對方說話時，建議備好第四章介紹的「構想筆記」。

只是簡單的一張紙也可以，請先好好地把自己的想法寫下。

對話時，你可以看著這份筆記，傳達自己的思維或想法。

如果你已經創造過「小活動的實績」，這點會有很大的吸引力。

對方一定會感興趣地聽你說話。

說話時如果會感到害怕，請嘗試用「不行也沒什麼損失」的心情開口。抱持著第二章介紹過的「試著稍微裝傻」的意識。

即使不如預期順利，還是能從行動的經驗中學到很多。

鼓起一點點的勇氣，先嘗試從小事著手。一切打從這裡開始。

提示 31

傳達自己的想法，嘗試找到兩名同伴。

團隊中的男女平衡

有相同目的、志同道合，一起從事活動的同伴。

在結交這些同伴時，我一定會注意一件事。

那就是「男女平衡」。

身為男性的我，在招募同伴時，一定也會尋找女性加入團隊。

我過去曾組織過許多團隊，也擔任過許多團體或專案的顧問。以下根據我自己的經驗，談談有關「團體中的男女差異」。

● 只有女性的團隊容易發生的事

只由女性組成的團隊，特徵是很有活力。

多人聚集開會時，會不斷地提出意見，話題討論熱烈。「如果嘗試這樣的事情如何？」、「做這個會不會很有趣？」等等。

靈感和笑容源源不絕，現場籠罩在開朗的氣氛中，想法和創意不斷湧現。

但是只有女性的團隊容易發生的事，是話題就停在這裡結束了。

她們很難歸納傾囊而出的點子。

即使歸納統整，也沒能提出用以實現的計畫，難得的點子最終淪為妄想。

●只有男性的團隊容易發生的事

另一方面，只有男性的團隊又如何呢？

首先是團隊全員的眉頭緊皺。

商量時沒有笑容，宛如領導者在聯絡事務一樣，淡漠地進展話題。

有時他們會以冷靜的觀點交換意見。針對互相提出的點子，每個人都會雙臂交叉抱胸，思考是否可能實現。

透過討論讓意見逐漸收斂統整，實踐的計畫也能聚焦成形。

可是，這種討論毫無樂趣。

因此，完成的企劃也會變得一點都不趣味，讓人不感興趣，最終導致很難吸引他人參與。

這是因為在開會提出點子時，缺乏構思的廣度而造成的結果。

男女的大腦差異

在此，我想稍微提一下男女的大腦差異。

一般而言，女性的大腦特徵是「語言能力強」，擅長與人溝通協調。因為溝通能力強，所以善於毫無顧慮地告訴別人自己的想法。聽者接收這些話語時能夠產生共鳴，在腦中擴展意象。這會形成刺激，容易產生新的構思或靈感，不知不覺中讓討論充滿活力。

另一方面，據說男性的大腦是以「邏輯思考」為主，擅長分析事物。他們會將分散的資訊整理成有條有理的內容，並將話題的趨勢導向解決課題的方向。

他們很擅長統整想法，且將想法納入現實的計畫也難不倒他們。

只是男性的自尊心很強，會有「不希望自尊心受傷」的想法，導致他們有不願意說出真實意見或真心話的傾向。

當然，我知道這些特徵也會有個體差異，不過大致上似乎普遍有著這樣的傾向。

● 意識到男女的平衡，組織團隊

女性擅長一邊說話，一邊擴展構思。

男性則擅長冷靜、邏輯清楚地面對事物。

既然如此，**「如果團隊中同時存在男性與女性，不就能互相發揮彼此的長處嗎？」**，這是我的想法。

如果團隊中只有女性，那就讓男性也加入吧。

這麼一來，男性就能擔任冷靜接收資訊，並統整構想的角色。此外，他們或許還能承辦對多數女性來說，相對棘手的企劃書製作工作。

如果團隊只有男性，那也務必讓女性加入。

有了她們，一定能讓討論過程變得活潑，營造愉快的氣氛。而且也能獲得只有男性時，沒人提出的觀點或構想。

如果要讓彼此成為核心成員比較困難的話，我認為讓對方擔任輔助成員也是個方式。

請他們參加會議、提出點子，出席統整企劃的討論。

增加這種能讓彼此關係變得更加融洽的成員，同時取得男女平衡。我認為這也是建立團隊的關鍵。

提示32　考慮男女平衡，共同組織團隊。

結交團隊成員以外的夥伴

根據投入活動的內容不同，有時候會需要同伴以外的夥伴。

這裡所說的夥伴，指的是舉辦活動時的**「合作方」或「協力者」**。

例如，假設你想針對小學生開一間繪畫教室。

要開設教室，就必須召集小學生。

如果自己很難召集到這些對象，那麼就需要能夠找來小學生的人或組織和你合作。比方說向兒童館或舉辦課後輔導班之類的團體諮詢。

建立這樣的合作關係，也是開辦活動時的重要事項。

● 同伴與夥伴的不同

這裡我想先稍微提一下，我所認為的「同伴與夥伴的不同」。

同伴指的是有相同目的或志同道合的那些人。

和自己看著相同的方向，一起推展投入的措施或專案。

夥伴則是將目光放在其他視角的人。

他們會和自己人從不同的方向，擔任推動措施或專案的角色。

可以對同伴說些抱怨的話，但請不要對夥伴說這種話；可以對同伴示弱，但請不要讓夥伴看到這種模樣；同伴會持續共同行動，但夥伴可能只在某個時期來往。

我個人是這麼認為的。

● 遠距離的夥伴

過去我曾進行各式各樣的活動，其中有幾個案例特別讓我感受到夥伴的重要性。

一個是對象為「遠距離地區」的案例。

在東日本大地震後，我多次前往受災嚴重的岩手縣陸前高田市。

2011年6月，我第一次拜訪陸前高田市。

那時我與當地建立了許多關係。

「地區的重建光靠當地人非常困難，需要外部人才或企業的協助。」

許多我在當地遇見的人都發出這樣的聲音。

而我認識許多在首都圈等地方活躍的社會創業家或企業家。

「如果把這些人帶到陸前高田市，和當地人建立交集怎麼樣？」，我心想，或許可以由此發起新的行動。

這場活動就命名為「創造陸前高田未來的對話」。

此時出現了一位表示願意成為夥伴的人，也就是F先生。他是市區裡一家NPO的代表。

F先生協助召集當地人。他在多方面擔當協辦工作，例如安排場地、搞定從新幹線車站到陸前高田市的接送方式等等。

「如果毫無援助的情況下前往當地，計畫很難有所推展。有了能夠接納這個地區的人或組織，才能讓活動成立。」

這是我在和F先生共同努力的過程中，學到最重要的事。

後來在舉辦以「地區間交流」為主題的活動時，我都會活用這次從F先生身上學到的經驗，在遠距離的地方和某人建立夥伴關係。

當對象是「遠距離地區」時，請務必找到住在那個地區的夥伴。這是推進活動的重要步驟。

● 擔任主辦人的夥伴

讓我感受到夥伴的重要性的第二個案例，是發生在活動中，需要擔任主辦人的夥伴時。

為了提高可信度，或是為了解決經費方面的課題，即使是自己企劃提案的活動，還是經常會有需要拜託其他組織或團體主辦的情況發生。

具體來說，就是需要邀請縣市政府、地方NPO、教育機構或學校等單位擔任主辦者。

如果擔任主辦者，負責人就會有時間和勞力上的負擔。

而且也必須處理經費問題。

因此對於願意擔任主辦單位的組織或團體，要特別仔細地說明企劃的主旨，並且得到他們的同意。

提案時，協商的重要材料就是第四章所介紹過的「對方的好處」與「最初的一步」。

我認為，遇見願意擔任主辦人的夥伴，也是讓企劃或專案具體成形的重要關鍵。

提示33

建立合作關係，也是促進活動的關鍵。

提案前先聆聽對方的意見

要結交同伴或夥伴，必須先將自己的想法或點子向其他人「提案」。在此介紹幾個此時希望各位留意的注意事項。

● 先從傾聽對方開始

向其他人提案自己的點子時，千萬別只是單方面輸出，請務必從「傾聽對方」開始。

我理解你希望對方知道自己的想法、希望對方成為同伴，因而想要熱烈演說的心情。

然而氣勢太強，只會讓對方感到緊張。

此外，你的思考也可能會變得自我中心，無法考慮到對方的感受。

如果對方從一開始就只是單方面要求你聽他述說，在沒有心理準備的情況下，你應該也會覺得很困惑吧。

在雙方情緒不對等的情況下，即使對方繼續向你提案或商談，也只會在得不到同意的尷尬氣氛中結束話題。

我有過很多次這種經驗。

雖然根據談話時間的長短不同，需要因應情況調整，但請先試著從傾聽對方的聲音開始。嘗試詢問對方的近況等問題，營造出閒聊般的融洽氣氛。

透過傾聽對方，可以了解對方關心的事。

此外也可以理解對方想實現什麼，或什麼是他要解決的課題。

得到這些情報後，再將自己的想法傳達給對方。

此時如果辦得到的話，可以將對方關心的事物或課題，與自己的想法結合並做說明。這麼一來，對方的反應肯定會有所變化。

● 具體的協商進行方式

聽完對方的聲音後，開口表示「其實我有個想法……」，同時將編寫好的構想筆記遞給對方。筆記以大概一張紙為佳。

我在第四章也有提過，有一張統整想法的紙，對方的聆聽方式就會改變。

請對方看著筆記，同時向他說明構想。

最初以引起對方的興趣為目標。

主要說明「原因或背景」等簡要歸納的相關資訊。此時要特別注意**刺激對方「有所共鳴或驚訝」的情感**。

例如「有其緣由」的事，或具體的小故事等等。

用字遣詞和內容都是經過深思熟慮，以達到扣動對方心弦的效果為目的。

這就是在一開始就「抓住」對方的方法。

陳述「原因或背景」之後，接著告訴對方你想投入的事情。

此時可以的話，最好特別留意「三贏局面」，進行概要說明。

如果這個投入的點子，可以為所有相關人員帶來喜悅的話，那麼對方的感想肯定也會是「這個想法很好」。

接著傳達參與這項工作，「對方」可以得到的「好處」。

傳達這點時，最好也要事先設想，考慮對方的願望或課題。

之後說明具體希望實施的構想，介紹第四章談過的「ＨＯＷ」與「課題」的相關資訊。

具體來說就是要在何時、何地，以何種方式實現；還有現在在什麼樣的地方，面臨什麼樣的課題。老實地向對方傳達這些事。

然後告訴對方：「為了解決這個課題，我希望你能助我一臂之力。」、「我希望你成為我的同伴，一起為這項活動盡心盡力。」。

談話時，讓對方覺得有趣或感到興奮期待也很重要。

畢竟很多時候，人會根據**「是否覺得這件事有趣」**來做出決策。

不僅要有邏輯，提案或協商的內容也要能夠刺激情緒。請在注意這些關鍵的同時，將想法傳達給對方。

● 關於協商之後

做出重要決策時，無論如何都會需要花費時間。

我認為，對方可以日後再給予答覆也無妨。

如果對方已經爽快答應，就告訴他們下一步該怎麼做。

召開線上企劃會議，創造讓所有成員互相自我介紹的機會。盡可能給出下一步的提案，讓對方覺得參與其中是很開心的。

即使對方的答覆不符期待，還是要禮貌地感謝他的傾聽。

畢竟每個人的情況都有所不同。

我們要真誠地接受這一點，並努力維持雙方之間舒適的關係。

因為這種良好的關係，有可能會帶來新的緣分，例如介紹人脈之類的。

● 提案或協商是雙向的溝通

提案或協商是種雙向溝通。

雙向的溝通就像是傳接球一樣。

先打聽對方近況，把球投給對方。

此時對方會以什麼方式將球丟回來呢？請務必仔細聆聽對方的談話內容與說話方式。

接到對方回傳的球後，又換自己投球了。

這時要一邊意識到對方投來的是什麼樣的球，一邊思考如何回傳。如果對方明明投的是慢速球，而你卻回以威力十足的快速球，那只會讓對方感到驚訝困惑。

我們應該在理解對方的前提下，留意配合對方，調整話題內容與自己的說話方式。

別只是單方面地持續投球，應該一邊聆聽對方的意見與感想，一邊謹慎地持續傳接球。

這樣的溝通方式，才能提高提案或協商的成功機率。

提示34

理解對方，正是提高提案成功率的訣竅。

與團隊成員討論、制定企劃

接著我想談談和同伴討論企劃時的重點。

找到同伴之後，請重新進行「制定企劃的討論」。

以你的想法為基礎方案，和同伴討論、拓展思考。這麼做可以**讓同伴有當事人意識**。

如果企劃或構想是由自己以外的其他人全盤決定，而自己只是工作人員，只要負責輔助的話，肯定很難激發動力。

相反地，對於「反映了自己意見的任務」，人會產生情感上的依戀。

因此要仔細聆聽同伴的意見，並再次一起琢磨企劃內容。

我認為，**「愉快的企劃，來自愉快的企劃會議」**。

想要打造受人矚目的愉快企劃。

那麼最重要的是讓討論過程保持愉快。

若是想和同伴進行愉快的企劃討論，這邊提供一些訣竅和注意事項給各位參考。

●鄭重的自我介紹

要讓討論時的氣氛愉快又能刺激情感，最重要的是讓每個人都能夠說出「真心話」。

希望達成能讓所有人輕鬆說出真心話的討論，就需要消除緊張和恐懼感，營造安全又安心的氣氛。

「鄭重的自我介紹」是很有效的方法。

在討論之前，可以先花費充分的時間，讓大家互相自我介紹。

除了姓名、工作、隸屬單位等基本資訊，還可以談談自己喜歡的食物或喜歡的漫畫等等。了解每個人感興趣或想嘗試的事情，共享資訊。

先從容易開口的事情開始，再逐步互相深入了解，探聽更多資訊。

不只是在初次見面時設下自我介紹的時間，我在之後每次開會時，也都會保留時間給各位進行簡短的近況報告。

透過這段時間，既可以知道每個人身邊所發生的變化，也可以達成討論前的「情緒熱身」。

●離題也很重要

我在進行企劃討論時，話題的內容經常「離題」。

毫無關聯的想法、無關緊要的事情，這些話題每次都會讓討論的氣氛變得更加愉快熱烈。

在拓展構想的討論中，我認為離題也是非常重要的。這不僅可以讓討論的氣氛變好，也有增加構思觀點的效果。

「或許這沒什麼相關……」

「我剛才想到某件小事……」

以這樣的開場白起頭的話題，或許可以帶來新的發現。

若只討論必須思考的話題，氣氛會變得越來越拘束。而這也是我敢於打破傳統討論模式的原因。

離題也完全沒關係，離題當中自有提示。

而且離題還有創造笑料的效果。請務必意識到這點，嘗試進行這樣的企劃討論。

● 尊重差異

我在和同伴進行討論時，有件非常注意的事情。

那就是「尊重差異」。

目前為止我也提過好幾次，我認為「每個人的感性與價值觀本就有所不同」。

沒有人和自己有著完全雷同的經驗，也沒有人和自己擁有一模一樣的想法。每個人各有自己獨特的個性和構思能力。

站在這樣的前提上，保留時間進行討論。

正因為別人擁有和自己不同的經驗或觀點，才能創造出自己未曾發現的構思。別人也能從第三者的觀點，發覺原先以自我為中心的想法。

在進行討論時，我會秉持著感謝與尊敬的心情。

這份用心，也是和同伴保持良好關係的訣竅。

要和同伴保持良好關係，還有其他要點，例如：

- 誠實。
- 正直。
- 認同對方的優點或個性，並不吝於表揚對方。
- 只要有值得感謝的事情，務必開口表達謝意。

……等等。從過去的經驗中，我強烈感受到上述事項的重要性。

提示35

為了讓同伴有自己也是當事人的意識，必須共同制定企劃。

以團隊方式進行思考、做出決斷

接著要說明的是，關於「和同伴共同思考並做出決定」的注意事項。

● 決定「何時」

我認為要讓企劃成形，首要的是盡早決定「何時」執行。也就是先決定粗略的實施期間。

否則只會拖拖拉拉地虛度光陰，陷入「雖然討論過，卻沒有任何具體結果」的狀態。

導致成員的士氣逐漸減退，轉而關注別的事情，最終半途而廢。

我們應該盡早創造不需勉強就能達成的小小實績。

首先請留意這一點，決定目標期間。

● 思考團隊名稱

組成團隊後，試著想個團隊名稱。

有了團隊名稱，成員們會產生團結感。

決定好名稱後可以製作名片；宣傳活動時，也可以將團隊名稱寫在主辦者的地方。

團隊希望達成的目標、團隊擁有的特徵、希望實現的未來樣貌等等，這些都是思考名稱時的提示。

如果名稱很長，可以想個「簡稱」。

人們能夠輕易記住的名稱字數，最多就是四個字。

例如「木拓」（譯註：キムタク，木村拓哉的暱稱，日文為四個音），或是「髭男」（譯註：ヒゲダン，日本搖滾樂團Official髭男dism的暱稱，日文也是四個音）等等，藝人的簡稱也常是四個字。如果要想簡稱，請注意字數不宜太長。

● 思考粗略的任務分工

先思考團隊內部粗略的任務分工也很重要。

將必要的任務寫出來，並先決定這些任務的主要負責人。

例如：財務管理、參加者名單整頓、架設網站等等，決定好負責人後，經營才會更加順暢。

如果成員內沒有適任的人選，或許也可以討論是否增加同伴。

● 建立具體的討論項目和行動指南

為了實現計劃，具體該決定和整理哪些事項呢？

這裡介紹主要項目的例子，提供各位作為參考。

以下是我在企劃研討會或活動的時候，會整理和討論的項目。將已決定的內容用Power Point等程式彙整，並且**當成行動指南**。

①活動概要

討論並決定實施的日期時間、場所、活動名稱、目標對象、主辦人等等事項。還不確定的事情可以先寫上「（暫定）」。

②目的

以容易明白的文字將「為了達成什麼目的而實施」寫下來。建議數量不要太多，寫出主要一兩個即可，並再添加幾個輔助項目。

③當天的時間流程表

辦理活動時，必須事前決定好當天的流程表。要花多少時間進行什麼事情，以條列式整理寫下來。

④整體的時間計畫表

到當天為止，有哪些事情必須在什麼時間以前執行？編寫簡單的行事曆，提前列出整體的準備時間計畫表。

⑤會場佈置圖

當天要怎麼配置桌椅？整理出具體的會場佈置構想並放入圖中。最好也先將插座的位置、出入口的地點等等必要資訊標示於佈置圖上。

⑥用來宣傳的資訊

如果是需要吸引來賓的活動，該怎麼發佈宣傳資訊呢？思考具體的手法並紀錄下來。想法越多越好。也別忘了決定宣傳時要使用的說明文字或示意圖。

⑦工作人員的任務分工

當天誰要負責哪個任務，請整理並製作成一覽表。

⑧設備清單

寫出當天需要的設備、誰要負責準備這些設備。務必寫上負責人的名字。

⑨收支一覽表

出現收入或支出時，事先製作收支一覽表，進行財務結構模擬也很重要。列出支出項目和估計金額。主要會出現的支出項目，我認為有場地費、謝禮、設備費用、交通費等等。

至於收入部分，可以列出算式（人數X單價），計算大概金額。也可以先計算出能夠達成收支平衡的目標數值當作參考。

⑩確認事項的備忘錄

寫下未來該討論的事情或課題等事項。此外，也可以將每件事該在什麼時間以前解決，什麼問題要找誰商量等等條列寫出。

有了這些資料，就能釐清眼下需要馬上決定和尚未決定的事項。

和同伴討論實施計畫時，請務必嘗試寫下這些事項。這也能作為行動指南，有效利用。

提示36

討論具體計畫內容，編寫行動指南。

讓活動能夠持續及提升魅力的七個方式

建立小目標，先嘗試從小事做起。之後繼續投入工作，達到期望的成果。本書推薦各位以這樣的方式開始實現夢想。

以下則要介紹七個方式，讓我們能與同伴持續投入其中，同時提高活動品質與魅力。

● 拍攝照片紀錄

若想讓努力具體成形，請務必拍攝紀錄照片。

在活動最後拍攝合照也很重要。

有照片就能更容易地利用社群網路等方式傳播活動實績。

在構想筆記或企劃書中插入過去實際活動的照片，提案時就能向對方傳達出努力的意義。

可以事先決定好負責攝影的主要人員。我經常會拜託擅長拍照的朋友擔任臨時攝影師。

對外宣傳活動實績

有了活動的實績後，請務必利用社群網路等方式傳播出去。刊登照片，同時寫下為什麼你想進行這項活動，還有你的想法等等。然後就會出現對你的想法有所共鳴、對你想執行的活動感興趣的人。這會為你帶來新的同伴與支持者。

如果希望持續進行活動，也可以嘗試架設網站。最近，note等部落格也很引人注目。可以在這些網站上書寫活動想法或實績等等。說不定這些文章會成為某種契機，引來彙整成書出版的機會。

進行問卷調查

在研討會或活動等聚集眾人的場合中，可以進行事後問卷調查，確認滿意度。而且問卷對於增加同伴、蒐集改善企劃內容的想法也很有幫助。

舉例來說，如果希望增加同伴，可以在問卷中記載以下內容：

「想不想成為這項活動的企劃成員呢？有興趣者，請在下方填寫姓名和電子郵件等聯絡資訊。」

然後嘗試聯絡留下資料的人。

問卷調查也是與人結緣和增加構思的寶貴工具。

● 爭取媒體曝光

當你累積了一定程度的實績後，請嘗試與媒體建立交集。

邀請報紙、電視、雜誌等大眾媒體報導你的活動。

如果活動舉辦在鄉下地方，要得到當地媒體的介紹並不困難。因為對於媒體公司而言，他們也正在尋找能夠當作新聞的獨特情報。

問題在於與記者建立聯繫的方法。

如果活動的主題和活化地方有關，可以嘗試和地方政府提案。

如果活動主題是要解決社會課題，那麼或許向市民活動中心或NPO等機構諮詢會得到更多啟發。

直接寄電子郵件給媒體公司，或打電話聯繫也是方法之一。**直接詢問對方，該如何提供「可能成為新聞題材的情報」。**

起初或許會對這個行動有點膽怯，但請先用盡力而為的心態嘗試看看。只要這麼做，你就能和一兩位記者或媒體建立關係。

以下介紹幾個容易成為新聞關鍵字的例子，提供各位參考。

・第一個○○。
・熱門打卡景點。
・「明明是○○，卻可以ＸＸ」的反差感。
・「竟然有高達千個○○」等數量驚人的標語。
・與某位知名人士有所關聯。

如果知道跟媒體公司聯絡的方法，就可以先編寫夾雜這些關鍵字的資料（新聞稿），然後送去媒體公司的窗口。

如果認識到記者或播音員等人物，可以先和對方在社群網站等平台成為朋友，逐步加深彼此之間的關係。

● 讓名人參與

要讓活動獲得關注，請名人參與也是非常有效的方法。

我過去也曾和演員、創作型歌手、繪本作家、聲優、書法家等許多名人有過交集。

雖然也曾有熟人向我介紹名人本人或是他的經紀人，但在沒能找到彼此之間的交集時，我也曾主動寄信或電子郵件去對方的所屬事務所。

如果已有活動實績，而且投入的活動有著堅定方向，我認為得到回應的可能性並不低。

如果曾獲新聞報導等媒體介紹，這也會是吸引名人的一大武器。除此之外，為了提高活動的可信度，架設網站也很重要。

請付出最大的誠意，先嘗試與對方協商。

基本上可以用「失敗也沒有損失」的心態嘗試行動。我相信，無論如何都會有贊同你的想法，對你的活動有興趣的人出現。

● 建立競爭者或合作團體

讓人「希望繼續活動」的動機之一，是競爭者或合作團體的存在。不斷累積實績後，就會得到也在從事類似活動的人或組織等情報。他們是擁有相近問題意識，類似同志的存在。

除此之外，也會有受到反向刺激，宛如競爭者的人出現。我們要和這些人有所交集，以和諧共處的態度保持聯繫。他們的存在會讓人浮現「再繼續加油吧！」的想法，讓我們保有不願認輸的決心。

這會成為繼續活動的動力。

● 立刻發起下次行動

在投入的行動正式成形之後，你可能會覺得終於鬆了口氣，或是累得精疲力盡。

儘管如此，如果可以的話，建議盡早發起下個行動。

因為隨著時間流逝，想法就會逐漸冷卻，之後要再次振奮精神是非常不容易的事。

趁著熱情還有餘溫時，發起接下來的行動。小小行動也行，只要再跨出一小步就好。這也是繼續活動的訣竅之一。

提示37

以這七個提示作為參考，提高活動的品質與魅力。

第6章

如何抓住運氣與趨勢

我認為在讓企劃或構思成形時，有不少「運氣」成分存在。所謂的運氣，也可以理解為「時機」或「緣份」等等。

雖然有著優秀的想法，卻因為時機不對而無法實現；相反地，明明構思異想天開，卻因為一連串的偶然邂逅而得以成真。這些都是我曾有過的經驗。

運氣是無法靠自己輕易控制的。

可是透過累積大量的經驗，會發現「如果做這樣的事情，可能就會有這樣的結果」的心得。

針對這點，我想介紹我認為特別重要的「抓住運氣與趨勢的訣竅」。

雖然這些訣竅有大部分是我的自以為是。請各位以輕鬆的態度參考即可。

傲慢會讓運勢變差

事情明明應該進行得很順利，卻忽然發現遇到許多困難。這種情況我在過去也曾發生過好幾次。整體趨勢不斷往不好的方向發展，我也有過無數次這種感覺。為什麼會這樣？是什麼原因造成的？為了改變現況，我反覆分析回顧，然後得到了幾個自己的發現。

其中一個就是「傲慢會讓運勢變差」。

●什麼是傲慢

所謂的傲慢，就是「高傲不遜，輕視別人的鄙視態度」。

當事情進展順利時，人就會開始變得自我感覺良好。

覺得自己很幸運，什麼事都按照自己所想進展。因為這種想法，思考變得越來越以自我為中心。

然後不知不覺出現「傲慢」心態，行為變得放肆。

被其他人放肆對待，或者被看不起時，我們都會感覺不爽吧！

即使事情進展順利，我卻表現出越來越讓人不爽的態度。這種情況若是持續，之後一定會發生壞事。

這是我在開始紀錄自己的行為和思考後所發現的事。

● 中國古籍的指示

中國有本古老的學術書——《易經》。這被認為是本說明「自然與人生的變化之道」的著作。

在《易經》的解說書中，有「吉・凶・悔・吝」幾個詞彙。
「吉」代表好的。
「凶」代表壞的。
「悔」代表反省或是後悔。
「吝」則是吝嗇且心胸狹小等等，書中如此說明。
與此同時，書中還寫著「吝是凶至的徵兆」。
吝嗇且心胸狹小，這種會導致惡兆的心態正是傲慢所造成的。對此我是這麼解釋。

如果心態變得傲慢，思考偏向自我中心，視野就會越來越狹隘。只考慮對自己而言是否方便，為人變得吝嗇又心胸狹小。
這樣的人會讓其他人感到不爽，失去重要的「緣份與人望」。
此外，傲慢或驕傲也會導致得意忘形，讓人變得懈怠。
因此當然也會導致得不到結果。

● 用來改善運氣的處方箋

那麼如果想要改變運氣或趨勢，我們該怎麼做才好呢？

首先要察覺自己的傲慢，改過自新。承認並非什麼事情都會按照自己想的進展，自我反省。

《易經》中也寫道，「悔（反省或後悔）是吉至的徵兆」。

首先要**保持謙虛的態度**。

以謙虛的態度，開始小而謹慎的持續努力。

還有，別忘了**對人懷有感謝的心**。這份感謝的心意，會展現在你的言語和態度當中。

只要這麼做，狀況就會逐漸改善，得以逆轉趨勢。

這是我從自己過去的經驗中所得到的體悟。

提示 38

當幸運持續降臨時，更要保持謙虛與感謝的心。

書寫「感謝筆記」

懷有感謝的心。

雖然我們都知道這很重要，卻很難實際執行。

情況順利時，驕傲的心立刻就會萌芽。

情況不順時，心情就會頹喪，也不會有所感恩。

雖然說起來十分丟臉，但我為此煩惱過好幾次。

為了解決這個困境，在經過反覆嘗試之後，我找到的方法正是「書寫感謝筆記」。

本書第一章介紹過的「播種紀錄表」，是紀錄自己行動的簡單工作表。

「有了這張表，我就能開心地繼續創造小行動或播種。」，以此作為啟發，我靈機一動，浮現「如果想要維持感謝的心，只要做紀錄不就好了嗎？」

的想法。

以下介紹「感謝筆記」的具體作法。

①將「自己對他人的感謝」寫在筆記本上

進行方式很簡單。

準備一本專用的筆記本，放進包包中。

然後，只要在日常生活中，出現讓你覺得「謝謝」的事情，就紀錄在筆記本上。

何月何日、發生什麼事、是什麼樣的感謝，仔細寫下這些內容。

「三月十日，我搭上客滿的電車，眼前居然出現空位。謝謝。」

「三月十二日，我從書上得到寶貴的發現，感謝和這本書相遇。」

「三月十六日，工作上的夥伴O寄了關心身體狀況的電子郵件給我，讓我感到非常溫暖，謝謝。」

像是這樣的內容。

寫下這些紀錄後，可以提高「對值得感謝之事的靈敏度」。對於日常生活中無意識所發生的事件，更能冒出感謝的想法。

如此一來，容易變得傲慢的思考習性，也會一點一滴地改正過來。

此外，每當情緒低落時，只要想起這些感謝，心情也會變得積極，更能繼續向前邁進。

②將「別人感謝自己的事情」寫在筆記本上

我的「感謝筆記」還會記載另外一種內容。

那就是「別人對我說謝謝的事」。

①是自己心中湧現的感謝心意；②則是從別人口中接收到的感謝。

「我在電車上讓座給孕婦，對方說了謝謝。」

「收到讀了我的草稿的人傳來的訊息，『你寫的文章給我帶來了勇氣，謝謝你。』」

每當有人對自己表示感謝時，就像這樣把內容紀錄下來。不要和①寫在同頁，可以改從筆記本封底那側開始書寫。

①是為了提高自己對感謝的靈敏度，藉此發現生活中處處充滿值得感恩的

人事物。

另一方面，②則需要**做出可以得到別人感謝的行動**。

自己可以幫上什麼忙？可以為別人做些什麼？

透過紀錄，我們可以提高這樣的意識。

此外，如果你正在猶豫要不要行動，這本感謝筆記也會成為讓你「跨出步伐」的理由。

或許這是我的自以為是，但我總覺得，只要時常得到別人的感謝，自己也就會遇到許多值得「感謝」的事。

自己的行為總會在繞一圈之後又回到自己身上。我有這樣的親身體會。

被說這是種算計也無妨，為了讓運氣和趨勢好轉、為了結下和別人的良緣，請試著這麼做做看。

提示 39

紀錄各式各樣的感謝之情，提高「對感謝的靈敏度」。

把注意力轉向好的地方

每個人都希望運氣或趨勢逐漸往好的方向邁進。

出現這個想法時，我會試著將注意力轉向「好的地方」。

日常生活中會遇到各種事件，其中總會有不如自己預期，或是有所不便的事情。

這時候，人難免會把注意力放在事情糟糕的部分。

然後變得越來越著急或焦躁。

「想要的商品賣完了，真糟糕，開什麼玩笑！」

「沒能趕上電車，可惡，要遲到了，怎麼辦？」

像是這樣著急或焦躁的情緒，也是運氣或趨勢變差的主要原因之一。

著急或焦躁等負面情緒，會讓人的判斷力變得遲鈍。不僅如此，如果將憤怒的情緒散發出去，也會讓接收到的人感到不悅。

而這些錯誤的判斷或別人對自己的不悅感，又會造成事態朝向劣勢發展。

● 事物好壞取決於個人視角

遇到不好的事時，先深呼吸。

然後把負面的情緒稍微放在一旁，思考這件事情好的一面。

「買不到想要的商品，但是多虧售罄，我才可以冷靜思考自己是不是真的想要這個東西。」

「沒有趕上原本那班電車，可是因為這樣，我才可以搭到有空位的下一班車。」

……等等。只要能察覺事物好的一面，著急和焦躁的情緒就會逐漸平息。

事物或事件的好壞，端看你用什麼態度接受。

我們雖然無法改變事件本身，但卻能決定怎麼接受它。根據對事物的解釋不同，我們可以改變它的意義。

如果怎麼樣都找不到好的一面，就去想想這件事讓你發現或學到了什麼。

自己可以從這個狀況學到什麼呢？請嘗試思考這點。例如，「搭電車遲到是因為我迷路了。下次如果要去不熟的地方，要再多留充裕的時間。」……等等。

無論什麼樣的事件，都會有著值得發現或學習之處。尋找這些部分，並將自己的意識轉向積極的方向。

●把注意力轉向人的長處

「把注意力轉向好的地方」，這點對人也適用。我們可以嘗試盡量把注意力轉向對方的優點，關注對方的長處。尋找人的長處，並且不吝於誇獎對方，或者傳達感謝的話語，讓對方綻放笑容。

每個人只要得到稱讚，都會感到開心。我們也會對認同自己長處的人抱有好感。把注意力轉向對方好的地方。這麼做可以改善和對方的關係，讓彼此之間的「情緒流動」變得良好。

不過根據對象的不同，我認為也會有無法把注意力放在好的一面的情況發生。人非聖賢，難免會有抱持強烈棘手意識或厭惡情緒的時候。這種時候，我們還是要試著尋找值得發現或學習之處。試著想想，和那個人的相遇讓你學到了什麼呢？

● 有效利用自己的長處或擅長的事

面對「自己」時，也要盡量嘗試將注意力放在好的地方。發掘自己的長處，試著用心發展，並且不斷努力地去做擅長或喜歡的事。這麼做可以讓心態變得積極，日常生活充滿愉快。開心的事比較容易繼續進行下去，也比較容易開花結果。得到結果後，即使只是小事一樁，也別忘了誇獎自己。請好好慰勞自己的努力吧！

● 運氣也會物以類聚

有句成語是「物以類聚」，而意識與情緒也是一樣。

注意力放在好的地方，就更容易發現好的事物，也會更容易遇到好事。如果能頻繁地遇到好事，就表示運氣或趨勢正往好的狀態發展。**運氣也會物以類聚。**請盡可能將注意力放在好的地方。我認為這也是抓住運氣或趨勢的關鍵。

提示40

把注意力放在「事件・人・自己」的好消息上。

成果總會遲到

即使努力讓運氣和趨勢好轉，也遲遲不見成效。畢竟成果不會立刻到來。這是在我經過思考與重重分析驗證後，好不容易得到的結論，那就是「成果總會遲到」。

行動與成果之間，存在所謂的時間差。

● 獲得果實的方法

我們希望獲得名為成果的「果實」。

這麼想的時候，我們很容易會有「希望果實可以立刻到手」的慾望，就像是去商店購物一樣。

這聽起來似乎是再自然不過的事，但現實卻並非如此。

如果想要得到果實，本來就要先播下種子。

播種後澆水，耐心等待發芽。

發芽後，還是需要持續灌溉。等到莖也逐漸發育、葉子長得茂盛，接著開花，最後才能獲得想要的果實。

稻米也是一樣。

現在是很輕易就能買到米的時代。但在過去，如果想要收穫稻米，就只能先去種稻。稻米生長後收成，最後才能煮出美味的米飯。

我認為這才是自然的原理。

●心懷傲氣的原因

狀態良好時，我們很容易在不知不覺中感到驕傲。造成這個心態的原因之一也是時間差。

狀態好的時候，好事就會持續發生。

即使停下腳步，卻會像是慣性定律般，成果仍然不斷出現。

【圖6】

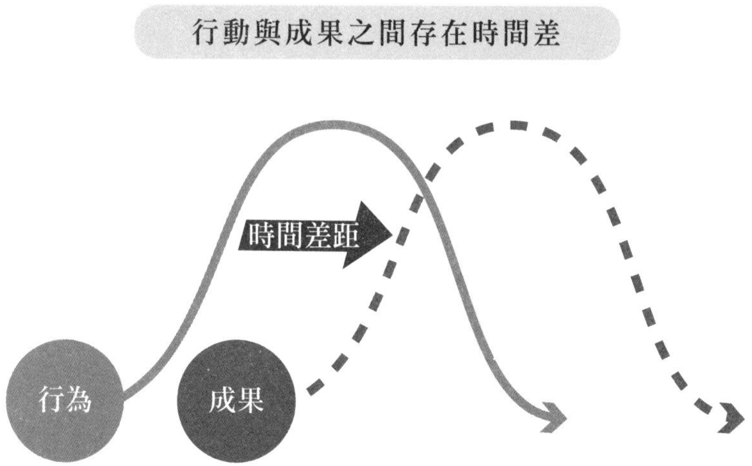

即使變得傲慢，好事仍舊持續發生。就像開始滾動的球，即使受到阻力影響，還是很難馬上停止。

可是別忘了，行為與成果之間有時間差。

只要持續受到阻力影響，球一定會停止。

如果停止努力，早晚會得不到結果。如果持續傲慢，運氣和趨勢也會逐漸變糟。

這都是因為成果總會遲到。

●成果隨後就會來到

當狀態良好時，即使不努力也會開花結果；反之亦然。

狀態糟糕時，即使拚命努力，也很難馬上出現結果。即使洗心革面，希望向前邁進，也無法立刻出現成果。

但是如果在此時擺爛放棄，成果只會變得更晚出現。

不必擔心，結果隨後就會來到。

所以我們要先不斷地努力行動，就像勤奮地持續幫植物澆水一樣。這麼一來，情況一定會開始發生變化。

如果你想分析具體的時間落差是多久，請嘗試製作第一章提到的「播種紀錄表」。

仔細紀錄你所投入的「成因行為」，並且也寫下「出現的變化或結果」。持續幾個月後，試著回頭查看，或許就會明白大概的時間差。

● 播下期望收穫的果實的種子

播種或努力時，有件事必須注意。

那就是「播下期望收穫的果實的種子」。

雖然用心播種培植，但最後得到的果實其實不是自己想要的。我有過好幾次這樣的經驗。

雖然很難具體向大家說明，但在勤奮地持續努力後，年輕的我成為了某個領域的專家。

於是關於該領域的工作委託陸續湧入，但那並非我想做的事。

每次接到委託或諮詢時，我都會想：「其實我根本不想做這件事……」。雖然收到委託是件值得高興的事，但每次看到電子郵件時，我都覺得內心十分痛苦。

做出什麼樣的努力，得到什麼樣的結果。

我認為，播種時事先想像並推測成果也很重要。

提示41

成果隨後就會來到。請先播下想要收穫的果實的種子。

對於巧合保持警覺

雖然這或許是我的自以為是，但就我的經驗而言，行動後通常會有一段容易出現正面結果的時期。

也就是所謂的「**巧合持續發生的時期**」。

例如想要談話的對象主動聯絡我、想要的書突然出現在眼前。

不可思議的是，這種好運會持續一段時間。

當我有希望得到結果的事情時，我會對這些「巧合」豎立天線，保持警覺。當天線出現反應時，我就會馬上發起行動。

例如寄商談的電子郵件給希望對方提供協助的對象；為了尋找新的邂逅而去參加研討會；嘗試製造提案或諮詢的機會等等。

這樣的行動法則，目前為止為我帶來了許多令人開心的結果。

● 了解現在的風向或趨勢的走向

我常將運氣或趨勢比喻成「風」。

風不會一直吹向同個方向。

會有順風，也有逆風的時候。

而且風不會按照自己想的方向吹拂。

遇到逆風的時候，會發生許多對自己來說不便的事。無論做什麼都不順利，心態也會變得消極。

相反地，順風時，很多事情都會神奇地順利進展。

甚至感覺就像背後有看不見的力量在後面推你。

現在的自己，身處什麼風向呢？

是順風還是逆風呢？我認為先了解這點，也是讓想做的事情具體成形的訣竅之一。

要預估整體風向是很困難的。

可是我們至少可以在順風時有所察覺。我會帶著這樣的心態，反覆驗證自己的假設，著眼於「巧合」之上。

●趨勢糟糕時就是準備期

風向會隨時間變化。

趨勢糟糕時，我不會去挑戰拚出勝負。

相反地，我會選擇謹慎而勤奮地持續做些小小努力。

彙整資料或蒐集情報，不怠惰也別傲慢，懷抱謙虛的心態持續努力。

這正是在為順風時做準備。

能不能在順風時乘風而上，取決於怎麼度過逆風。這是我的個人想法。

雖然我們無法改變風向，但可以根據風向決定是要行動還是準備。這種思考方式，也是抓住運氣與趨勢的訣竅。

提示 42

理解大趨勢的走向；巧合是最好的提示。

保留整頓心情的時間

要抓住運氣與趨勢，「整頓心情」也是非常重要的訣竅之一。生活中難免會有讓心情染上汙濁的事情發生。要是放著不管，內心就會產生滯礙，心情變得糟糕而不通暢。因此我們要像每天洗澡般，盡量讓心靈維持清淨的狀態。這麼做會讓我們更容易察覺巧合或無意識帶來的信號。此外，這也能讓我們維持在容易產生靈感或創意的狀態。

●睡前三件事

整頓自己的心情並結束今天，希望可以愉快地迎接明天。我們可以在睡前，躲在棉被裡思考以下幾件事。

①回顧今天，想出三件好事。
②回顧今天，想出三件應該反省的事。
③想像明天，想出三件值得期待的事。

這些思考會改變心的透明度。

此外，這也會讓自己在隔天早晨醒來時，心態變得更加積極。（雖然我常在思考③之前就睡著了）

「今天也有三件覺得很棒的事情發生。」

能夠這麼想的話，就能懷著充實感，安心結束一天。

「也有三件該反省的事。」

這種回顧，是矯正傲慢心態的契機。此外，誠實面對自己的感受，也有消除心中芥蒂的效果。

「明天還有三件值得期待的事。」

心中有此想法，就能愉快地迎接隔天早晨，帶著正面積極的心情開始新的一天。

● **整頓心境的方法**

為了整頓心境，我也經常努力執行以下事項：

·如果心裡對某事耿耿於懷，就把它寫在筆記本上。

·把注意力放在呼吸上，給自己十分鐘左右進行冥想。

·前往神社參拜，度過寧靜的祈禱時間。

·在第六章介紹的「感謝筆記」上寫出感恩的事。

·天氣晴朗時，在自然環境優美的地方散步約一小時。

這些都是我覺得對改善心境非常有效的方法。

以上就是第六章所要介紹的「抓住運氣與趨勢」的訣竅。

或許說服力有些不足，但我認為各位不妨秉持著做實驗的精神，開心地嘗試看看。

提示43 保持心靈清淨，更容易察覺無意識中出現的信號。

結語

「我想活出自己的人生。」

最近我常收到這樣的諮詢電子郵件或訊息。

正在找工作的大學生。

不願上學的高中生。

開始考慮創業或斜槓的上班族。

思考如何以不同方式度過在宅時光的家庭主婦。

為將來職涯困擾的中高年齡層。

……等等。本書正是為了這樣的群眾所寫。

過去，我也一直希望活出自己的人生，可是總是未能如願，碰壁無數次而深感苦惱。

雖然苦惱，但我仍然選擇耗費長年時間反覆嘗試，以自己的方式得到許多發現。如果以上所提到的發現當中，有一兩個是能讓「希望活出自己的人生」的各位讀者有所啟發的話，那將會是筆者我的至高榮幸。

2020年以後，世界發生了很大的變化。

新冠病毒、物價飆漲、戰爭、自然災害、遠距辦公、教育改革等等，環境出現各式各樣的改變。

隨著環境變化，也產生了新的課題。

日常生活中遇到的各式課題，需要人們出手解決。

本書也曾提過幾次，每個人都有各自不同的個性與感性。

有的構思與努力，只有那個人才能想出和辦到。

人既不是機器的零件，也不是某人的工具。我們有能力活用自己的個性，創造出獨特的某種事物。

活用自己獨一無二的個性，幫助解決某人正在面對的困境，這聽起來是不是很棒？

為了讓身邊的人露出笑容、為了和自己擁有相同煩惱的人。

試著活用自己的力量，這不就是「活出自己的人生」或「豎立自己的旗幟」的方法嗎？

這是我一邊拜讀寄送給我的訊息，一邊寫稿時，經常出現的想法。

唯有自己能夠改變自己。

如果覺得自己沒有活出像樣的人生，你需要做出改變。可是，重大的改變需要莫大的勇氣，也有相對的風險。

所以，我們可以先試著做出小改變。

從理所當然，肯定能辦到的事情做起，開始小行動。

然後在累積實績的過程中，逐步達成目標成果。這樣的行動過程中所隱藏的秘訣與訊息，正是本書所要傳達的內容。

多虧許多人的支持和幫助，本書終於得以問世。

感謝Subaru舍的菅沼真弘先生關注本書企劃。

大野智成先生、岩田香織小姐、山田育子小姐、渡邊智先生、朝山敦子小姐、潮凪洋介先生、福田利喜先生，感謝你們於百忙之中，抽出時間分享案例故事。

栃木志工NPO中心的町田英俊先生、黑田葉子小姐，感謝你們以本書的內容為主題，舉辦研習講座。

岡本真理小姐，感謝您關心我的身體，並從旁給予支援。

謝謝內人京子，支持我寫作並總是準備美味佳餚。

最後，由衷感謝拿起這本書並閱讀的各位讀者，請讓我表達深厚謝意。真的非常感謝。

若有演講或研習的相關諮詢需求，請透過OOKIWORKS的網站隨時與我聯絡。

如果能有機會直接與各位感興趣的讀者對話，那將是我無比的榮幸。

期待有天能與各位相見。

大木浩士

〔作者簡歷〕

大木 浩士　OOKIWORKS代表／企劃製作人

- 1968年出生於栃木縣，現居埼玉市。
- 以2011年的東日本大地震為契機，一邊作為上班族工作，一邊打造超過200項個人專案。主要幫助引導人們發揮創造力，打造互相學習的場合以及交流的機會。
- 座右銘是「如果有想做的事，就讓它具體成形」。認為讓想做的事具體成形的最大訣竅，就是「從小事開始做起」。
- 2022年11月從大型廣告公司離職，獨立創業。
- 擁有多重身分，包括栃木未來大使．交流企劃製作人／職業教育專案製作人／連結都市與地方的家鄉專案代表／出羽三山的山伏修行者／神社研究家。
- 著有《如何創建對話式課程》、《指導簡報的基礎指南》（皆為暫譯，東洋館出版社）。

〔作者聯絡方式〕

OOKIWORKS的官方網站　**https://www.ookiworks.com/**

Facebook　**hiroshi.ooki.3**

（送出交友邀請時請發送訊息）

從0到1 創造成功的 6堂思維課

第一步是關鍵！43道提示×5步驟構想筆記，每日小改變，讓夢想成就自己

作者大木浩士
譯者陳冠貴
主編蔡嘉榛
責任編輯唐甜
封面設計徐薇涵 Libao Shiu
內頁美術設計董嘉惠

執行長何飛鵬
PCH集團生活旅遊事業總經理暨社長李淑霞
總編輯汪雨菁
行銷企畫經理呂妙君
行銷企畫主任許立心

出版公司
墨刻出版股份有限公司
地址：115台北市南港區昆陽街16號7樓
電話：886-2-2500-7008／傳真：886-2-2500-7796／E-mail：mook_service@hmg.com.tw
發行公司
英屬蓋曼群島商家庭傳媒股份有限公司城邦分公司
城邦讀書花園：www.cite.com.tw
劃撥：19863813／戶名：書虫股份有限公司
香港發行城邦（香港）出版集團有限公司
地址：香港九龍土瓜灣土瓜灣道86號順聯工業大廈6樓A室
電話：852-2508-6231／傳真：852-2578-9337／E-mail：hkcite@biznetvigator.com
城邦（馬新）出版集團 Cite (M) Sdn Bhd
地址：41, Jalan Radin Anum, Bandar Baru Sri Petaling, 57000 Kuala Lumpur, Malaysia.
電話：(603)90563833／傳真：(603)90576622／E-mail：services@cite.my
製版・印刷漾格科技股份有限公司
ISBN978-626-398-081-5・978-626-398-079-2（EPUB）
城邦書號KJ2109 **初版**2024年11月
定價400元
MOOK官網www.mook.com.tw
Facebook粉絲團
MOOK墨刻出版 www.facebook.com/travelmook

國家圖書館出版品預行編目資料

從0到1,創造成功的6堂思維課：第一步是關鍵!43道提示x5步驟構想筆記,每日小改變,讓夢想成就自己 / 大木浩士作；陳冠貴譯. -- 初版. -- 臺北市：墨刻出版股份有限公司出版：英屬蓋曼群島商家庭傳媒股份有限公司城邦分公司發行, 2024.11
264面；14.8×21公分. -- (SASUGAS； KJ2109)
譯自：まずは小さくはじめてみる
ISBN 978-626-398-081-5(平裝)
1.CST: 自我實現 2.CST: 成功法
177.2　　113014644